PRÉCIS

DE

LA PHILOSOPHIE

DE BACON.

PRÉCIS

DE

LA PHILOSOPHIE

DE BACON,

Et des Progrès qu'ont fait les Sciences Natu-
turelles par ses Préceptes et son Exemple,
avec un Appendice sur quelques points
particuliers appartenants au sujet général,

Par J. A. DE LUC,

Lecteur de S. M. la Reine de la Grande Bretagne,
des Sociétés Royales de Londres et de Dublin, de
la Société des Scrutateurs de la Nature de Berlin,
de celle de Minéralogie de Iena, et de plusieurs
autres Sociétés de Naturalistes, Professeur de
Philosophie et Géologie à Gottingue.

TOME PREMIER.

A PARIS,

Chez la Ve. NYON, Libraire, rue du Jardinet.

An XI. == 1802.

PRÉCIS

*De la philosophie de B*ACON*, et des progrès qu'ont fait les* SCIENCES NATURELLES *par ses préceptes et son exemple.*

INTRODUCTION.

ENTRE les classes de personnes qui ont de l'influence sur la société, il en est une à laquelle le phénomène moral qui caractérise la fin du dernier siècle, de quelque manière qu'on l'envisage, est unanimement attribué, c'est celle des gens de lettres, qui, comme toutes les autres, peut être considérée sous un point de vue général, sans que par-là on affecte les individus. C'est vers cette classe, que se tournent les regards quand il s'agit des objets de la *science*, parce qu'on la considère, et avec raison, comme conservant le dépôt des *lumières* acquises, et s'occupant à les étendre : or, c'est par un grand *accroissement* de *lumières* qu'on s'est habitué à distinguer le siècle qui vient de finir ; ce qui forme un important objet d'examen pour ceux qui regardent l'illusion comme nuisible aux hommes ; et ici elle consiste à ne pas distinguer les *matériaux* de la *science*, de la *science* elle-même ; ce que je vais d'abord expliquer.

C'est par degrés que se forme l'édifice de la *science*, et les *matériaux* rassemblés ne s'y placent pas d'abord ; car ils sont de différentes natures, et ce n'est pas *en tas*, mais chacun *à sa place* qu'ils doivent y être distribués, en les considérant attentivement dans leurs rapports les uns avec les autres : or, en les recueillant, on songe rarement à ces *rapports*, qui seuls, cependant, peuvent fournir les directions nécessaires pour qu'en les recueillant, ils ne soient ni mutilés , ni enveloppés de choses qui ne leur appartiennent pas. Les *matériaux* de la *science* , sont des *vérités* découvertes dans les *choses ;* mais sans un plan général de ce que doit être cet *édifice* , les nouvelles découvertes tardent beaucoup à s'unir par de vrais liens , soit entr'elles , soit avec ce que la masse des sciences a déjà de fixe ; de sorte qu'elles peuvent être long-temps inutiles, souvent même nuisibles aux progrès de la vraie *science* , parce que rien n'empêche davantage de découvrir , que de perdre le fil de ce qu'il seroit nécessaire de chercher.

Jamais, à beaucoup près, la récolte des *matériaux* n'avoit été aussi abondante dans un même espace de temps , que dans le siècle qui vient de finir , et jamais , non plus , il n'y a eu tant d'architectes pour les mettre en œuvre ; voilà ce qui frappe , et qu'on nomme *avancement des connoissances.* Mais ces *matériaux*, rassemblés comme au pillage dès que les divers champs de recherches ont été ouverts, se sont trouvés en grande partie si peu cohérents entr'eux, si indéterminés, quelquefois même si difformes, qu'on a pu en composer diverses sortes d'assemblages, par des rapports également apparents pour ceux qui ne sont pas exercés à l'exactitude, et qui souvent même ne savent pas en quoi elle consiste. L'imagination, peu délicate dans le choix, a reçu ces matériaux de toute main, et elle en a construit de brillants édifices, aussi changeants que les décorations au théâtre; tandis que la raison, plus scrupuleuse, ne voulant avancer qu'avec sûreté, fondoit sans éclat un édifice durable, autour duquel elle tenoit en réserve les matériaux qui ne pouvoient encore s'y joindre par des rapports certains. Cependant, nombre de gens entendant assurer qu'on pouvoit leur rendre accessibles des connoissances considérées jusqu'alors comme très-difficiles à atteindre , leur ont accordé quelques moments de leur loisir ; une multitude d'écrivains ou de démonstrateurs se sont chargés de les en instruire , et comme tout cela portoit le nom de *lumières* , on a pu dire avec une apparence de raison , que jamais les *lumières* n'avoient été tant *répandues* qu'elles le sont depuis un demi-siècle.

Ce n'est pas seulement dans la classe , devenue par-là très-nombreuse , des amateurs des sciences , c'est encore dans celle qui s'est aussi fort accrue , des gens de lettres , qu'on a reçu et qu'on reçoit sans cesse , comme de nouvelles *lumières,* ce qui n'en a que l'apparence ; car les objets d'étude se sont tellement multipliés , que les gens de lettres eux-mêmes , ne sauroient les embrasser tous ; et ce n'est cependant que de leur ensemble, que peut naître la *philosophie*, dont tant de gens parlent aujourd'hui sans s'en faire une juste idée. Par l'augmentation des découvertes dans l'histoire de la nature et dans celle des hommes, les vides qui se trouvoient entre les objets d'observations ont tendu successivement à se remplir, et l'on a commencé d'apercevoir quelques liens entre leurs classes, liens dans lesquels consiste la *philosophie*. Mais long-temps avant que les connoissances se fussent assez étendues dans chaque classe d'objets, avant que le nombre des classes observées fut suffisant pour manifester de proche en proche les vrais liens qui existent entr'elles, l'impatience a entraîné plusieurs hommes à en imaginer ; et aidés de l'indétermination même des découvertes, ils ont établi ces liens d'après des idées favorites, qu'ils ont répandues avec leurs systèmes ; et ils ont été aisément suivis , parce qu'ils avoient fait perdre de vue de sages guides, qui dès long-temps avoient aperçu cette pente de l'esprit humain , et travaillé à en garantir ceux qui se livroient à l'étude de la nature.

L'homme rapporte tout à lui-même , et il y est autorisé en ce que , tout étant lié dans la nature par des correspondances mutuelles , chacune de ses parties a quelque point de rapport avec le tout. Mais à quelle profondeur ne faut-il pas chercher ces rapports , pour ne pas s'y méprendre ! De combien d'études , de quelle patience et persévérance , de quel jugement et amour de la vérité n'est-il pas besoin , pour demeurer dans les vraies routes de recherches, s'arrêter quand on ne trouve pas de sûreté pour de nouveaux pas , et se garder des écarts de l'imagination ! Or si , à ces qualités indispensables pour faire des progrès assurés dans la connoissance de la nature , ceux qui en ont entrepris l'étude eussent ajouté la modestie que devoit leur inspirer la foiblesse de leurs moyens , senti de plus en plus à mesure qu'on avance dans ces recherches , ils n'auroient jamais perdu le sentiment du bonheur dont jouissent les hommes , d'avoir reçu directement du créateur lui-même de premières instructions sur ces grands objets qui leur importent si fortement ; frappés , dis-je , de la discordance qui a toujours régné entre les spéculateurs , quand ils ont voulu chercher par eux-mêmes l'*origine des choses* , ils auroient conservé une religieuse gratitude envers l'être suprême , de ce qu'en les instruisant sur ce qu'ils n'auroient pu découvrir par leurs propres forces , il leur a accordé , comme un moyen de bonheur dès cette vie , le désir de découvrir en quoi consiste ce qui les environne , et des facultés pour l'étudier ;

mais en leur donnant des règles pour qu'ils n'aspirassent pas au-delà de ce que ces facultés peuvent atteindre, afin de ne pas exposer l'essentiel de leur bonheur, qui se trouve dans la confiance en ses instructions.

Voici maintenant la malheureuse distinction du dernier siècle. S'exagé-rant d'autant plus les progrès des connoissances sur la nature, qu'ils étoient moins en état de les apprécier, quelques hommes ont entrepris de soumettre à leur examen ces instructions de la sagesse suprême possédées par les hommes dès l'origine du genre humain. Un certain nombre de spéculateurs, avec l'apparence de posséder de grandes lumières dans l'histoire de la nature et celle des anciens peuples, ont osé affirmer que la *philosophie* (nom dont ils ont décoré leurs spéculations hasardées), rejetoit les *idées vulgaires* de prétendues *instructions directes* d'un être suprême : la crédulité des hommes (ont-ils osé dire) a été assez long - temps bercée par ces *fables,* et la *philosophie* seule doit désormais diriger le genre humain.

Ce langage tout nouveau, tenu enfin avec hardiesse par une classe d'hommes devenus dispensateurs de la renommée comme dictateurs de l'opinion, a entraîné sans examen un grand nombre de gens de lettres, parmi ceux mêmes à qui est confiée l'introduction de la jeunesse dans les études, et qui par-là, obligés de répéter sans cesse la lecture de leurs cahiers, étoient le moins en état de parcourir, la sonde à la main, l'océan d'objets dont ces hommes séduisants s'étoient chargés de leur fournir les résultats sommaires. Or c'est ainsi que des hommes nouveaux; hommes, veux-je dire, que le temps n'avoit point encore jugés, et dont bien peu de ceux qui se mettoient à leur suite étoient en état, et d'apprécier les lumières, et de discerner les intentions, ont réussi de cacher derrière le voile de l'illusion, puis de faire oublier, les travaux et les leçons des vrais pères de la philosophie ; hommes jugés par le temps, et dont ces nouveaux instituteurs eux-mêmes ne pouvoient prononcer les noms qu'avec respect.

C'est à l'époque de l'*Encyclopédie* que je remonte ; ce fut alors que se forma ce plan, et qu'il s'exécuta principalement à l'égard de NEWTON et de BACON. Jamais ces deux grands hommes n'ont reçu plus d'éloges que par les auteurs de ce fameux ouvrage ; ils professèrent de les suivre, et ce fut pour faire oublier leurs vraies leçons. A l'égard de NEWTON, leur influence ne pouvant être que bornée, ils l'employèrent pour ce qu'ils avoient le plus en vue, le *scepticisme* : sa découverte de la *gravité* et ses recherches sur la *lumière* étoient trop empreintes dans l'histoire de l'astronomie, de l'optique et même des mathématiques, pour qu'on pût les en effacer; mais ils n'en conservèrent que les formules, et firent oublier ce qui tenoit à la philosophie. Quant à BACON, dont les travaux ne pouvoient servir que de guides aux recherches, l'entreprise étoit plus aisée; en donnant à celles-ci une fausse direction, les *encyclopédistes* rendirent ses ouvrages inintelligibles; de sorte que peu-à-peu ils ont été relégués parmi les livres qui ne servent qu'à remplir des cases de bibliothèques, et qu'on ne lit plus. On a donc presque oublié que ces deux hommes, par qui les sciences naturelles ont reçu l'impulsion que nous suivons encore, étoient d'autant plus attachés à la *révélation*, qu'ils avoient mieux connu les bornes de l'entendement humain.

L'attachement pour la religion et

l'amour de l'humanité, ont engagé un homme de lettres françois, à tirer ses compatriotes de l'erreur où ils avoient été jetés par les *encyclopédistes*, et une partie de son travail a déjà paru en deux petits volumes, sous le titre de *Christianisme de FRANÇOIS BACON, chancelier d'Angleterre, ou pensées et sentiments de ce grand homme sur la religion*. Ce recueil a été publié à Paris il y a environ trois ans, (*) et son auteur, catholique romain, pénétré des sentiments dont les chrétiens sincères de toutes les communions auroient toujours dû et devroient plus que jamais être animés les uns envers les autres, les manifeste partout dans l'exposition des pensées et des sentiments de BACON, quoique protestant. C'est-là un beau modèle, bien digne d'être suivi par tous ceux qui, pour le triomphe de la vérité contre la philosophie

____

(*) On le trouve chez la veuve NYON, Libraire, rue du Jardinet, n°. 2.

moderne, désirent le maintien du christianisme.

On peut juger combien la secte des *encyclopédistes* avoit fait oublier les ouvrages théologiques de BACON , par la préface d'une nouvelle traduction françoise de ses œuvres, dans laquelle, en le faisant parler lui-même comme formant le plan de ses ouvrages, on lui fait exprimer le dessein de saper sourdement par la philosophie , les bases de la religion chrétienne , comme étant *la source de tous les maux de l'humanité.* Le traducteur ignoroit-il l'existence du recueil dont je viens de faire mention , ou pensoit-il , qu'en faisant donner par BACON la *clef* de ses ouvrages théologiques, ainsi que des sentiments chrétiens exprimés dans tous ses ouvrages philosophiques, on prendroit aisément le change sur ces idées ? Ce traducteur suit encore à un autre égard le plan de ses modèles , qui , du plus puissant adversaire du *scepticisme* , avoient fait un *sceptique*. Il en prépare aussi le plan dans le prétendu monologue de Bacon, et il a commencé de l'exécuter, par certaines déviations et par des notes, dans sa traduction de l'ouvrage, *de Dignitate et augmentis scientiarum*, la première qui ait été publiée, et sur laquelle je me déterminai, en annonçant le plan que j'exécute aujourd'hui, d'anticiper la défense de Bacon dans un petit ouvrage que je publiai, il y a un an, sous le titre de *Bacon tel qu'il est* (*).

Le moyen employé par les *encyclopédistes*, pour rendre inutiles les ouvrages de l'homme qu'ils professoient

---

(*) Depuis que cet ouvrage est écrit, les volumes IV, V et VI de cette traduction me sont parvenus à Berlin ; ils contiennent le *Novum Organum*, avec une multitude de *notes* et de *commentaires*. Cette continuation ne me donne pas lieu de rien changer à ce que j'ai dit du plan du traducteur : ce ne sont pas les idées de Bacon, ce sont les siennes et celles de sa secte qu'il veut répandre ; et les premières demeureroient ensevelies

de prendre pour modèle, fut d'intervertir son but, en le représentant comme décourageant la *recherche des causes*, et ne recommandant que *l'attention aux phénomènes*; tandis qu'il ne prenoit la nécessité d'étudier ceux-ci, que comme conduisant aux premières. La période des sciences où nous sommes depuis ce temps-là, formera, pour nos successeurs, un trait bien frappant dans l'histoire de l'esprit humain : il paroîtra inconcevable qu'il ait été au pouvoir de quelques hommes, de détourner la marche des recherches dans les sciences naturelles, pour la conduire au *scepticisme*, au nom même du phi-

sous les dernières, si l'on n'y apportoit quelque obstacle ; à quoi j'espère que cet ouvrage et quelques remarques diverses contribueront. Il me seroit difficile d'introduire dans le corps de l'ouvrage toutes les notes que ces remarques exigeroient ; je ne le ferai donc qu'en petite partie, et je renvoie à la fin de l'ouvrage celles qui regardent des objets distincts de physique particulière et générale et de philosophie.

losophe qui avoit le plus efficacement travaillé à le détruire. C'est pourtant le fait ; car depuis cette époque, qui date du temps même où la physique expérimentale et l'histoire naturelle, arrivant au point où Bacon les avoit dirigées, alloient prendre le plus grand essor : la majeure partie de ceux qui s'y vouent, croyant se conformer aux idées de ce philosophe, regardent cette recherche comme inutile, et n'écoutent plus le petit nombre de physiciens qui, restés dans les routes qu'il avoit tracées, s'y avancent par degrés.

Cette perversion des sciences naturelles, suite de l'oubli des vrais promoteurs de la philosophie, a excité une autre réclamation, par un homme de vrai génie, M. Le Sage, mon ami et compatriote ; il l'a commencée en publiant un grand ensemble de passages de Bacon, dans lesquels il exprime formellement le contraire de ce qu'on lui a fait dire ; recueil qui se trouve dans le vol. VIII de la *Bibliothèque Britannique*. C'est ce premier pas qui m'a inspiré le dessein de l'ouvrage que je publie aujourd'hui , dont je rappelerai ici les motifs et le plan , comme je les ai exposés dans la première partie du petit ouvrage mentionné ci-dessus.

Dans l'annonce mise à la tête de son ouvrage *de Dignitate et augmentis scientiarum* , BACON définit ainsi l'état où il trouvoit les sciences naturelles :
« Tout cet appareil scientifique , dont
» la raison humaine fait usage dans
» l'*étude de la nature* , n'est qu'un
» amas de *matériaux* mal *choisis* et
» mal *assemblés* , et ne forme qu'une
» sorte de *monument* pompeux et ma-
» gnifique , mais sans *fondement* ».
Dans cet ouvrage , il examine les *matériaux* rassemblés , il en montre les défauts , tant pour le *choix* que pour l'*assemblage* , il fait voir la nécessité

d'en recueillir de nouveaux, et donne des *préceptes* pour les mieux *choisir*. Dans son second ouvrage, le *Novum Organum*, il s'attache surtout à fournir des *aides à l'entendement*, d'abord pour bien voir les objets, puis pour en trouver les rapports réels, afin que les *assemblages* qu'il en formera soient *naturels* et non *arbitraires*, et qu'ils reposent sur de vrais *fondements*. Ses autres ouvrages philosophiques consistent dans quelques essais de recherches déterminées, servant principalement à développer ou étendre quelques-unes des parties des premiers, dans lesquels se trouvent les principes de la philosophie.

D'après ce seul coup-d'œil sur le plan de BACON, qu'on se représente ce que pouvoit en accomplir un seul homme, quelque degré d'intelligence et d'activité qu'on lui attribue ; et je ne crois pas qu'on puisse trouver aucun homme dans l'histoire des sciences , qui l'approche à ces deux égards réunis. Il falloit d'abord des *matériaux* pour le nouveau travail ; il avoit devant lui tous ceux que les siècles avoient accumulés jusqu'à son temps ; il les trouvoit si défectueux, qu'il falloit recommencer la récolte ; mais dans quel temps pouvoit-on espérer de les obtenir ? Suivant son jugement, il falloit plusieurs siècles. Ainsi, tout ce qu'on pouvoit attendre alors du plus haut degré de talents et d'intelligence , c'est ce qu'il a fait : il a expliqué pourquoi, ayant la *nature* devant les yeux, on en avoit fait des copies si variées et toutes infidèles ; ce qui avoit engendré le *scepticisme* ; et il a montré comment on devoit procéder, en recommençant le travail , pour que tous les traits qu'on traceroit d'après ce modèle , fussent réels et bien déterminés. Tel est le premier service qu'il a rendu à la *science de la nature* ; il a tracé les *routes* pour y parvenir ; et tant qu'il restera des hommes qui auront à cœur la vérité à l'égard de la *nature* , il ne pourra jamais cesser d'être leur guide.

Dans ce *monument pompeux et magnifique* que lui présentoient les *sciences humaines* , les vices n'étoient pas seulement dans les *matériaux* , ils étoient aussi essentiellement dans les *assemblages* ; parce que l'entendement humain, rempli de *préjugés* , avoit mal envisagé les objets, les avoit liés ensemble par de faux rapports, et n'avoit point été en état d'user de toutes ses forces pour en trouver les vrais liens dans la nature. Cependant ces travaux, par leurs défauts mêmes, lui firent comprendre ce que l'entendement devoit éviter à l'avenir, et il s'occupa des moyens de le mettre en état d'user de tous ses pouvoirs, par lesquels il ne douta point qu'il ne put pénétrer fort avant dans la connoissance réelle de la nature ; mais il ne pouvoit pas poser ses règles sans donner des exemples de leur application ; il falloit pour cela quelques *matériaux* à mettre en œuvre, et il n'avoit pas le temps d'en rassembler assez de nouveaux pour son but. Il tira donc des matériaux qui se trouvoient déjà sous ses yeux, ceux qu'il n'avoit pas des raisons directes de rejeter ; il tria et classa le reste , quoique plus ou moins suspect ; après quoi , moins pour rien fixer dans ces sciences, que pour donner des modèles de la manière dont il concevoit qu'on devroit procéder quand on auroit obtenu de bons matériaux , il éleva quelques parties de l'édifice , et à cet égard encore , quelque soient les défauts qu'il fut obligé de laisser dans son travail , sa marche n'en demeure pas moins un modèle de la plus grande importance.

Mais il est certainement difficile de

tenir le fil de ces deux précieuses parties des ouvrages de BACON, au travers des erreurs, de l'incohérence des faits, et de la pénurie où il se trouvoit à cet égard, qui lui faisoit souvent employer des récits populaires; et combien moins est-on en état d'y trouver ce fil, quand on est prévenu de l'idée, que c'est pourtant aux *faits* qu'il bornoit l'étude de la nature. On ne sauroit éprouver alors que de l'ennui à le suivre, et on doit l'abandonner bientôt. Voilà pourquoi il devenoit très - important d'extraire de ses ouvrages l'ensemble de ses préceptes, destinés à tracer la route pour arriver à une *philosophie* réelle; de substituer aux matériaux qu'il avoit été obligé d'employer pour donner des exemples de l'application de ses préceptes, ceux qui ont été rassemblés dès-lors par les routes même qu'il avoit ouvertes, et de commencer ainsi l'édifice qu'il avoit si bien défini, solide dans ses bases, fixe dans les parties où l'on aura suivi ses règles, mais qui ne peut s'élever qu'avec le temps. C'est donc là ce que j'ai tenté de faire, afin d'animer, s'il m'est possible, à ce travail, quelque savant plus habile que moi.

En attendant, cet abrégé d'ouvrages aussi célèbres que peu connus aujourd'hui, ne peut qu'être intéressant et utile pour toutes les classes de personnes dont la littérature est l'occupation particulière ou la récréation, et il me semble en particulier, que les principes de cette *philosophie* étant destinés à lier par des points naturels de contact toutes les branches des connoissances humaines, un résumé précis du plan de ce grand homme, accompagné de ses motifs, ne peut que devenir utile aux instituteurs, dans le but de diriger les branches particulières d'enseignement dont ils s'occupent, vers un point où elles puissent se réunir avec les autres dans l'esprit de leurs élèves. La logique, par exemple, n'est encore qu'un langage, tant qu'elle ne s'applique pas à des objets dans lesquels elle trouve un critère assuré : ces objets doivent être dans la *nature*, ou ils ne sont pas réels ; c'est donc vers ce point qu'il conviendroit que la logique fut dirigée. D'un autre côté, les études sur les *objets naturels* ne sauroient conduire à rien de grand, avant qu'on ait découvert les liens qu'ils ont en-tr'eux ; c'est donc à les saisir, que doit s'employer l'entendement, puisque jusque-là, les objets eux-mêmes n'ont fait que se graver dans la mémoire. Quant à la *métaphysique*, qui doit renfermer les principes abstraits des *choses*, il est évident qu'elle ne sauroit s'avancer que concurremment avec les autres branches d'études, puisque c'est de celles-ci qu'elle doit recevoir la connoissance des *choses* elles-mêmes. Enfin, quand on examine d'où procède l'abandon devenu si commun de la *révélation*, on voit clairement qu'il a deux causes opposées, trop ou trop peu de confiance en l'entendement humain. Les uns pensent que, sans *révélation*, les hommes ont pu parvenir à la connoissance des objets que nos livres sacrés enseignent sur le monde et la divinité ; les autres ne pensent pas qu'on puisse s'assurer, ni si ces livres disent vrai, ni si l'on peut trouver le vrai dans la nature. Or, ces deux extrêmes procèdent également d'un manque de lumières sur les rapports que les sciences peuvent avoir entr'elles, ce qui fait que souvent on décide, sans connoître même ce qu'il seroit nécessaire d'avoir étudié pour le faire avec fondement. Or, ce sont tous ces différents rapports, que BACON a clairement déterminés.

Les élèves eux-mêmes, s'ils sont capables de sentir que le temps de leurs études est l'une des parties les plus importantes de leur vie, me sauront gré, j'espère, de leur présenter comme guide familier, l'homme généralement exalté depuis près de deux siècles, pour avoir frayé les routes à la connoissance des *choses*, et déterminé les vrais pouvoirs de la raison humaine. S'ils se pénètrent de ses leçons, ils sentiront sûrement qu'il ne devra jamais cesser d'être leur guide, à quel point qu'ils puissent parvenir dans les sciences divines et humaines, dont il leur aura montré les rapports ; et tandis qu'ils s'avanceront ainsi dans la connoissance de la nature et d'eux-mêmes, en reconnoissant partout la puissance et la bonté du créateur, ils adoreront sa sagesse dans la *révélation* ; persuadés que sans elle les hommes n'auroient point été capables de connoître ni leur origine, ni leurs devoirs, ni ce qu'ils ont à attendre après cette vie.

Berlin, Juillet 1801.

PARTIE PREMIÈRE.

Éloges de *Bacon*, et origine de l'oubli de ce philosophe.

J'ai fait mention ci-dessus, d'un *recueil des idées et des sentiments de Bacon sur la religion*. Cet ouvrage, bien nécessaire aujourd'hui, commence par un *discours préliminaire*, principalement destiné à faire connoître le rang assigné à ce grand homme dans la philosophie par des juges irrécusables. Je rapporterai ici la plupart de ces éloges, pour contribuer, s'il m'est possible, à rappeler le souvenir d'un homme dont les derniers panégyristes ne parlèrent hautement que pour faire oublier ses leçons.

L'époque dont je parle est très-bien désignée dans le passage suivant de ce discours préliminaire, de même que l'un des buts de ceux qui parurent alors les admirateurs de notre philosophe. « La plupart des gens « de lettres, (dit l'auteur) doivent conve- « nir qu'ils ne connoissent les ouvrages « du chancelier Bacon que par une « *analyse de sa philosophie*, qui fut publiée

« en 1755, peu après qu'eut paru le grand
« dictionnaire de l'ENCYCLOPÉDIE. Cet ou-
« vrage eut un grand succès, et cela n'est
« pas étonnant ; il est très-bien écrit, et il
« étoit entièrement monté au ton dominant
« alors parmi les gens de lettres. On con-
« çoit donc facilement qu'il a dû puissam-
« ment concourir, avec le *discours prélimi-*
« *naire de l'ENCYCLOPÉDIE*, à étendre parmi
« nous la réputation du chancelier BACON,
« et à lui assurer le rang que les *encyclopé-*
« *distes* lui ont assigné parmi les restaurateurs
« des sciences dans les derniers siècles.
« L'auteur de l'*analise* s'étoit engagé seule-
« ment, par le titre de son ouvrage, à ex-
« poser les idées *philisophiques de BACON* ;
« on ne doit donc point lui reprocher de
« n'avoir pas fait connoître ses *sentiments*
« *religieux* : aussi, peut-on avoir lu les deux
« volumes de l'*analise*, et ignorer pleine-
« ment que BACON fut un philosophe pé-
« nétré de la vérité et de la sainteté du *chris-*
« *tianisme*. On croiroit plutôt, après cette
« lecture, on soupçonneroit du moins tout
« le contraire ; mais c'est un point auquel
« nous reviendrons avant la fin de ce dis-
« cours ». J'y reviendrai aussi, mais plus

tard, mon but étant ici de caractériser cette époque sous un autre point de vue.

Ce ne fut pas seulement les *sentiments religieux* de BACON et leurs motifs, qu'on voila alors, ce fut aussi les principes de sa *philosophie*. A cette fameuse époque où BACON devint si célèbre en France, une classe de gens de lettres ne sembla s'emparer de la trompette de la renommée pour célébrer ce grand homme, qu'afin qu'elle ne tombât plus en d'autres mains. Ils vouloient se rendre maîtres de l'opinion dans les sciences, et pour cela, ils se montrèrent zélés disciples du philosophe considéré dès long-temps comme leur premier instituteur ; mais leur but étoit bien moins l'avancement des sciences, que de les faire servir de couverture au projet de renverser le *christianisme* : or comment réussir dans ce projet, en paroissant prendre pour modèle, des ouvrages dont la partie *philosophique* n'étoit destinée qu'à faire ressortir l'avantage de la *révélation ?* En parler beaucoup, pour qu'on ne crût pas avoir besoin de les lire, fut le plan que formèrent les *encyclopédistes*, qui ne semblent avoir rappelé BACON, que pour l'ensevelir plus profondement, en laissant un simulacre sur sa tombe. C'est ce que je ferai remarquer, quand je viendrai aux éloges que lui donnèrent ces auteurs ; mais je ferai précéder ceux-ci par des jugements plus. anciens et plus purs, et je commencerai par celui de GASSENDI, qui a donné l'idée la plus précise des travaux de notre philosophe.

« Le chancelier BACON, (dit-il) considérant combien peu les hommes, depuis le temps où ils avoient commencé à s'occuper de la philosophie, avoient avancé dans la connoissance de la vérité et de la nature des choses, entreprit, avec un courage vraiment héroïque, de leur ouvrir une route entièrement nouvelle, et il osa espérer que, s'ils étoient fidèles à la suivre, ils arriveroient enfin à une *philosophie* réelle.

« Plein de ces grandes idées et de ces espérances, il mit la main à l'œuvre, et commença un ouvrage immense sous le titre : *Instauratio magna*, qu'il divisa en plusieurs parties. Son objet, dans la première, qui étoit une exacte partition de toutes les sciences, a été abondamment rempli dans son admirable traité *de dignitate et augmentis scientiarum*. La seconde partie, qu'il a encore si glorieusement terminée, est consacrée

à

à l'exposition et au développement de sa logique, ou du nouvel instrument (*novum organum*) à l'aide duquel on devoit exécuter le *grand rétablissement* annoncé.

« L'objet de cette nouvelle logique est de trouver, non des arguments, mais des méthodes ; non des raisons qui, à force de disputes deviennent probables, mais des inductions fournies par la nature, qui portent la conviction dans les esprits. Elle n'employe point le syllogisme, dont la logique vulgaire fait un si grand usage ; elle le regarde comme n'aidant point à faire pénétrer dans le fond des choses, ni à réformer les notions qui ne seroient pas conformes à leur véritable nature. Au *syllogisme*, elle substitue l'*induction* ; mais une *induction* exacte et sévère, qui ne précipite rien, qui n'oublie rien, et surtout BACON ne permet pas, que d'après un petit nombre d'expériences, faites encore à la hâte, on forme aussitôt les axiomes les plus généraux, et qu'on dédaigne de tenter de nouvelles expériences.

« Enfin, tandis que la logique ordinaire suppose des principes et les reçoit comme vrais sur des autorités étrangères, la nouvelle étend son doute sur les principes eux-mêmes, et les soumet à l'examen : en un mot, elle reprend tout l'édifice des connoissances humaines par les premiers fondements qu'elle sonde et qu'elle examine avec la plus rigoureuse exactitude.

« Mais, parce qu'il faut avant tout, arracher de l'âme les notions erronées et les préjugés trompeurs que Bacon appelle des *idoles*, il divise ces *idoles* en différentes classes, afin qu'on ait plus de facilité à les reconnoître et à les abattre ; il montre au doigt ce qui les fait naître et ce qui les nourrit ; il dévoile toutes les causes des erreurs qui ont retardé les progrès de la philosophie. Ensuite, il déclare hautement, que puisque les anciennes erreurs sont dévoilées, et qu'une route plus sûre est tracée pour ceux qui aspirent à connoître la nature, nous devons concevoir la plus juste confiance, qu'aidés encore du secours de Dieu, nous parviendrons bientôt aux connoissances les plus importantes, parce qu'enfin, si le temps seul a amené tant de choses singulières, qu'auparavant on ne soupçonnoit seulement pas, si tant de découvertes curieuses n'ont été communément que l'ouvrage du hasard, que ne devons-nous pas espérer, lorsque plusieurs personnages , dans tous les temps et dans toutes les régions du monde , travailleront de concert à pénétrer dans les secrets de la nature.

« Mais, quelque nombreuses et importantes que puissent être les découvertes réservées aux recherches de la postérité , il sera toujours vrai de dire que BACON en a jeté les fondements d'avance, qu'il les avoit préparés, et que nos neveux devront lui en faire hommage. Ainsi, la gloire de ce grand homme, loin de périr par le laps de temps, est destinée à recevoir des accroissements dans toute la suite des âges du monde ».

Cette dernière remarque fait beaucoup d'honneur à la sagacité de GASSENDI lui-même ; car c'est depuis son temps que la connoissance de la nature a fait le plus de progrès dans les routes que BACON avoit ouvertes ; mais ce qu'il n'avoit pas prévu, parce qu'il ne présumoit pas qu'il pût venir un temps où les hommes préférassent l'erreur à la vérité ; c'est qu'au temps même où l'avancement des sciences naturelles , par les directions de ce guide, devoient lui concilier de plus en plus l'attention et la confiance de ceux qui s'en occupent , il seroit au pouvoir de quelques hommes, de faire oublier ses préceptes, et d'en publier de contraires en son nom.

ADDISSON, à qui, quoique chrétien très-prononcé, VOLTAIRE n'a pu refuser ce témoignage, qu'*il étoit le meilleur critique et le meilleur écrivain de son siècle*, a souvent parlé de notre philosophe; et il a dit entr'autres :

« BACON, par la grandeur de son génie et la supériorité de ses connoissances, a fait honneur à son siècle et à sa patrie, je pourrois presque dire au genre humain : il réunissoit tous les vrais talents qui ont été partagés entre les plus grands hommes de l'antiquité. Il avoit les connoissances solides, claires et étendues d'ARISTOTE, et les beautés, les grâces et les ornements de CICÉRON. On ne sait ce qu'on doit le plus admirer dans ses écrits, ou la force de la raison, ou la vigueur du style, ou le feu de l'imagination ». (*Ratler*, n°. 267).

« BACON (dit-il ailleurs) a été l'un des plus grands génies et des mieux cultivés qu'il y ait jamais eu parmi nous ou chez les étrangers. Ce grand homme, par la force extraordinaire et l'étendue de son génie, et par une étude infatigable, avoit fait un si prodigieux amas de connoissances, qu'il nous est impossible de le regarder sans admiration. Il semble qu'il eût embrassé tout ce qui se trouve dans les livres qui avoient paru avant lui ; et non content de cela, il ouvrit un si grand nombre de routes pour approfondir les sciences, qu'un homme, jouit-il de la vie la plus longue, ne sauroit jamais les parcourir toutes. Delà vient qu'il ne fit, pour ainsi dire, qu'en tracer les contours, à l'exemple des navigateurs, qui ne donnent souvent qu'un profil esquissé des côtes ou des pointes de terres qu'ils découvrent, et dont ils laissent aux siècles à venir à faire une recherche plus exacte, s'ils veulent marcher sur leurs traces ou vérifier leurs conjectures ». (*Spectateur*, Disc. 65).

Venant à l'époque des *encyclopédistes*, l'auteur du recueil dont je fais ces extraits, introduit en ces termes, une autre appréciation de BACON.

« On se rappelle les démêlés que les *Jour-*
« *nalistes de Trévoux*, ayant alors le célèbre
« P. BERTHIER à leur tête, eurent avec les
« auteurs de l'*Encyclopédie*. Ces journalistes
« avoient fort à cœur de décréditer ce trop
« fameux dictionnaire ; et il auroit été de
« leur intérêt d'affoiblir, plutôt que de con-
« firmer l'autorité de BACON, que les *ency-*

« *clopédistes* avoient annoncé comme devant
« leur servir de maître et de guide dans tout
« le cours de leur entreprise. Cependant ils
« ne le firent point; ils blâmèrent au con-
« traire leurs antagonistes de ne point suivre
« fidèlement le plan qu'avoit tracé ce philo-
« sophe incomparable. Non seulement ils ne
« crurent point qu'on dût retrancher aucun
« trait des éloges magnifiques dont l'avoit
« comblé le discours préliminaire de l'*En-*
« *cyclopédie*, mais ils renchérirent sur ces élo-
« ges. Voici quelques-uns des traits qu'ils y
« ajoutèrent (1751, janvier, mars, etc.)

« Si Bacon, dans son admirable traité *de*
l'*Accroissement des Sciences*, jette un coup-
d'œil sur toutes les sciences humaines, c'est
comme le regard de ce spectateur dont parle
Homère, qui, placé sur la cîme d'une montagne, contemple les espaces immenses de la
terre, de la mer et des cieux. Tous les objets
de la littérature, réunis en foule, ne met-
tent point de confusion dans l'esprit de l'il-
lustre anglois ; il les distingue, il les considère suivant leurs rapports, il entreprend
de donner à chacun le degré de développement qu'il mérite. — Cette opération, il
l'appelle le *dénombrement* et le *cens* de toutes

les connoissances humaines ; expression très-noble, et très-digne d'un grand magistrat, qui se propose de connoître et de montrer le *patrimoine* et le fond des sciences, c'est-à-dire, les richesses de certaines portions de la littérature, et l'indigence de quelques autres. . . . .

« Combien est beau le point de vue qu'il présente, lorsqu'il distingue dans la logique l'art d'*inventer*, l'art de *juger*, et l'art d'*instruire* ou de communiquer ! Ces quatre articles, avec leurs développemens, forment le plus grand et le plus riche système qu'on puisse imaginer pour les études.

« Quand il traite de la *morale*, c'est-à-dire, de la science de nos affections, de nos passions, et de leurs remèdes, quelle méthode ! que de sagesse et de profondeur ! que de finesse et de magnificence !

« Dans le projet et l'ordonnance de son livre, ses vues furent très-vastes. Il eut l'intention, non point comme les auteurs de l'*Encyclopédie*, de former un abrégé de toutes les sciences ; non point de réduire en un seul livre toutes les bibliothèques ; mais d'indiquer des sujets de composition, et de donner le plan d'une immense bibliothèque. Son ouvrage ne porte pas le titre d'*Encyclopédie*, mais il le mérite, en ce sens, qu'il donne le tableau, qu'il est même le fil et l'enchaînement de toutes nos connoissances.

« Dans toutes les matières qu'il traite, Bacon assigne presque toujours des principes, et donne encore les naissances des plus grands détails. Son génie, en quelque sorte immense comme la durée des siècles, perce leur obscurité, prévient les événements, et se fait le contemporain de tous les âges. Telle étoit la sagacité de ce puissant génie, qu'il mériteroit peut-être, si l'expression n'étoit pas trop emphatique, d'être appelé *le terme de l'entendement humain* ».

Venons aux *encyclopédistes*, puisque ce sont eux que j'ai principalement en vue. C'est d'Alembert qui va porter la parole, et quoique bien différent des auteurs précédents, quant aux principes, on n'apercevra pas de différence quant à l'apréciation de Bacon ; mais je préviens dès ici, que dans cet éloge se trouvent exprimés, quoiqu'en fort peu de mots, les traits profonds de la défiguration de sa *philosophie* depuis cette époque, dont les conséquences ont été fatales aux sciences naturelles. Cependant, l'habitude de considérer ces sciences sous le point de vue que fixèrent alors les *encyclopédistes*, pourroit empêcher beaucoup de mes lecteurs d'en apercevoir les indices ; c'est pourquoi je les mettrai en lettres capitales, comme devant être ensuite un grand objet de considération.

« A la tête des illustres philosophes des derniers siècles (dit d'ALEMBERT) doit être placé l'*immortel* chancelier d'Angleterre, FRANÇOIS BACON, dont les ouvrages, si justement estimés, et plus estimés pourtant qu'ils ne sont connus, méritent encore plus notre lecture que nos éloges. A considérer les vues saines et étendues de ce grand homme, la multitude d'objets sur lesquels son esprit s'est porté, la hardiesse de son style, qui réunit partout les plus sublimes images avec la précision la plus rigoureuse, on seroit tenté de le considérer comme le plus grand, le plus universel, et le plus éloquent des philosophes. BACON, né dans le sein de la nuit la plus profonde, sentit que la *philosophie* n'étoit point encore, quoique bien des gens sans doute se flattassent d'y exceller; car plus un siècle est grossier, plus il

se croit instruit de tout ce qu'il peut savoir. Il commença donc par envisager d'une
vue générale les divers objets de toutes les
sciences naturelles ; il partagea ces objets en
différentes branches, dont il fit l'énuméra-
tion la plus exacte qu'il fût possible : il exa-
mina ce qu'on savoit déjà sur chacun des
objets, et fit le catalogue immense de ce qui
restoit à découvrir. C'est le but de son admirable ouvrage *de la dignité et de l'accrois-*
sement des sciences humaines.

« Dans son *nouvel organe des sciences*, il
perfectionne les vues qu'il avoit données dans
son premier ouvrage ; il les porte plus loin,
et fait connoître la nécessité de la *physique*
expérimentale, à laquelle on ne pensoit point
encore. Ennemi des systèmes, il n'envisagea la philosophie que comme cette partie
de nos connoissances qui doit contribuer à
nous rendre meilleurs et plus heureux : il
semble la borner a la science des choses
utiles, et recommande partout l'étude de
la nature.

« Ses autres écrits sont formés sur le même
plan ; tout, jusqu'aux titres, y annonce
l'homme de génie, l'esprit qui voit en grand.
Il y recueille des faits, il y compare des

expériences, il en indique un grand nombre à faire ; il invite les savants à étudier et à perfectionner les *arts*, QU'IL REGARDE COMME LA PARTIE LA PLUS RELEVÉE ET LA PLUS ESSENTIELLE DE LA SCIENCE HUMAINE. Il expose avec une simplicité noble, ses conjectures et ses pensées sur les différents objets dignes d'intéresser les hommes, et il auroit pu dire, comme le vieillard de Térence, que *rien de ce qui touche l'humanité ne lui étoit étranger*. Science de la nature, morale, politique, économie, tout semble avoir été du ressort de cet esprit lumineux et profond, et l'on ne sait ce qu'on doit le plus admirer, ou des richesses qu'il répand sur tous les sujets qu'il traite, ou de la dignité avec laquelle il en parle. Ses écrits ne peuvent être mieux comparés qu'à ceux d'HIPPOCRATE sur la médecine ; et ils ne seroient ni moins admirés, ni moins lus, si la culture de l'esprit étoit aussi chère au genre humain, que la conservation de la santé. Mais il n'y a que les chefs de secte en tout genre, dont les ouvrages puissent avoir un certain éclat : BACON n'a pas été du nombre ; la forme de sa *philosophie* s'y opposoit ; elle étoit trop sage pour étonner personne. La scholastique, qui dominoit de son temps, ne pouvoit être renversée que par des opinions hardies et nouvelles ; et il n'y a pas apparence qu'un philosophe, qui se contente de dire : *Voilà le peu que vous avez appris, voici ce qu'il vous reste à chercher*, soit destiné à faire beaucoup de bruit parmi ses contemporains. Nous oserions même faire quelque reproche au chancelier BACON d'avoir été trop timide, si nous ne savions avec quelle retenue, et pour ainsi dire, avec quelle superstition on doit juger un génie si sublime. QUOIQU'IL AVOUE, que les scholastiques ont énervé les sciences par leurs questions minutieuses, et QUE L'ESPRIT DOIT SACRIFIER L'ÉTUDE DES ÊTRES GÉNÉRAUX, A CELLE DES OBJETS PARTICULIERS, il semble pourtant, par l'emploi fréquent qu'il fait des termes de l'école, quelquefois même par celui des principes scholastiques, et par des divisions et subdivisions dont l'usage étoit alors fort à la mode, avoir marqué un peu trop de *ménagement* et de déférence pour le goût dominant de son siècle. Ce grand homme, après avoir brisé tant de fers, *étoit encore retenu par quelque chaîne qu'il ne pouvoit ou n'osoit rompre* ».

Cette *chaîne*, désignée ici par d'ALEMBERT,

ne peut être que la foi de BACON au *christianisme* ; car quant au scholastique , qu'il
apprécioit avec candeur, comment celui qui
ne craignoit pas de s'élever contre toutes
les sectes de philosophes , contre toutes les
erreurs et tous les travers de l'esprit humain,
même contre les torts de bien des ecclésiastiques , auroit – il pu être retenu à cet
égard par aucune crainte. Mais c'est le panégyriste lui-même qui avoit quelque *ménagement* à garder ; il ne croyoit pas devoir
s'expliquer encore plus ouvertement , sûr
cependant d'être entendu de sa secte. C'est
ainsi encore que DAVID HUME, un des grands
champions du parti , dit , dans son *Histoire
de la maison Stuart* : « BACON fut un person-
« nage universellement admiré par la gran-
« deur extraordinaire de son génie , et chéri
« pour la douceur et la politesse de son
« caractère. Il fut l'ornement de son siècle
« et de sa nation ; et il ne lui a manqué
« qu'un peu plus de *force d'âme* pour être
« aussi l'ornement de la nature ».' On sait
ce que vouloient dire ces *exceptions* , et cela
se manifesta lorsqu'on crut avoir fait assez
de chemin pour n'être plus tenu à des mé-

nagements ; ce que j'aurai occasion de montrer dans la suite.

Mais ce que j'ai principalement intention de faire remarquer ici dans cet éloge de d'ALEMBERT, ce sont les trois passages écrits en lettres capitales ; car c'est principalement pour réfuter les assertions qu'ils renferment, fatales dès-lors aux vrais progrès des *sciences naturelles*, que j'ai entrepris d'exposer les principes réels de la *philosophie* de BACON. Ceux qui ne portent pas leurs vues au-delà de ce qu'on entend communément par ces *sciences*, et qui ne les considèrent ainsi que dans leurs rapports avec une occupation agréable de l'esprit, ou avec leurs usages pratiques, voyant qu'elles remplissent de plus en plus ces deux buts, par l'augmentation successive des découvertes et de leurs applications, comprendront à peine, au premier coup-d'œil, pourquoi j'attache tant d'importance à cette défiguration des idées de notre philosophe. Il y en auroit peu en effet, si tous les hommes étoient demeurés dans l'état où la sagesse du créateur les avoit placés par des *instructions directes* sur le *monde* et sur *eux-mêmes* ; mais la présomp-

tion d'une classe de gens de lettres a tiré
bien des gens de cet état, en les plongeant
dans le *scepticisme;* ce qui n'a pu être opéré
et maintenu, qu'en fermant les routes déjà
ouvertes aux connoissances profondes dans
les *sciences naturelles.* Les sceptiques avoient
prétendu de tout temps, que les hommes
ne pouvoient rien connoître à la *nature des
choses ,* qu'ils devoient se borner aux *phénomènes* et à leurs *usages ;* et c'est ce que
les *encyclopédistes* ont voulu appuyer de l'autorité de BACON. Cependant la pente de l'esprit humain est de faire des *systèmes ;* car
le *scepticisme* lui-même en est un ; de sorte
qu'en paroissant les exclure sur les *objets
généraux ,* ils ont ouvert la porte à une foule
de *systèmes ,* tirés *d'objets particuliers ,* qui ,
très-souvent néanmoins, s'étendent jusqu'aux
objets généraux. C'est ainsi qu'on voit naître,
tantôt du cahos des faits , mal déterminés ,
mal combinés et incomplets , tantôt de quelques faits seulement, des systèmes de *physique,* de *géologie,* de *philosophie naturelle ,*
qui écartent des esprits, non la *révélation* seulement, mais jusqu'au *déisme ,* et qui tendent
ainsi à livrer les hommes à leur imagination
et à leurs passions , pour leur malheur in-

dividuel et commun. Voilà ce qui produit l'importance, la gravité, dirai-je, du sujet que je traite; c'est pour cela qu'il importe d'entendre réellement sur ce grand sujet, l'homme qu'on n'a pu s'empêcher d'exalter, mais dont on a défiguré les leçons ; et j'espère de concilier, par cette considération , à mon entreprise, l'attention de ceux qui viendront à me lire jusqu'ici.

VOLTAIRE, lui-même , homme si important dans la secte , mais imprudent , en a dévoilé le secret quant à BACON, dont il voulut aussi faire l'éloge, pour se présenter comme juge en philosophie; et voici ce qu'on trouve dans le sien , que je tire encore du recueil dont j'ai parlé. « Le plus *singulier* et le *meil-* « *leur* des ouvrages du chancelier BACON, est « celui qui est aujourd'hui le moins lu et *le* « *plus inutile*, je veux dire son *novum scien-* « *tiarum organum :* c'est l'*échafaud* avec le- « quel on a *bâti* la *nouvelle philosophie* et quand. « l'édifice a été achevé, du moins en partie, « l'*échafaud* n'a plus été d'*aucun usage* ». Ici la vérité échappe à VOLTAIRE, et concourant au plan des *encyclopédistes*, comme leur directeur , il commence à écarter l'ouvrage le plus dangereux pour sa secte , et prépare en même

même temps l'oubli de tous ceux de BACON,
en traitant de *singulier* et d'*inutile* désormais,
celui qu'il nomme le *meilleur*. Pour élever la
nouvelle philosophie contre des idées respectées
jusqu'alors, il falloit à ses fabricateurs quelque appareil, un *échafaud* qui captivât l'attention, mais en la retenant à l'extérieur ; à
quoi leur servirent très-efficacement le nom
et la méthode *technique* de BACON ; mais ils
se gardèrent bien d'y employer sa méthode
philosophique. Ce n'étoit pas *la* philosophie
qu'ils vouloient établir, c'étoit *leur* philosophie ; et par-là il leur convenoit de laisser
les *sciences naturelles* dans le train dont BACON
avoit voulu les sortir ; il falloit, dis-je, les
laisser isolées, sans liens entr'elles, servant
seulement aux usages de la vie ou à la curiosité, mais sans rapport à la *philosophie*,
qu'ils vouloient faire marcher seule, au gré
de leur imagination et de leurs penchants.
Alors, sans doute, il falloit faire oublier les
ouvrages de BACON, puisqu'il ne reconnois-
soit de *philosophie*, que comme résultat de l'*en-*
semble des études de la nature, par des *géné-*
ralisations légitimes. Mais il avoit montré que
cette *philosophie-là*, seule digne de l'entendement humain, à quelque degré qu'elle put

Tome I.   D

être portée , laisseroit toujours sur les objets les plus importants aux hommes , et quoique marchant jusques-là avec *certitude* , un vide que la *révélation* seule avoit pu remplir ; et l'on vouloit écarter cette source d'instructions.

Je ne rapporterai plus qu'un *éloge* de BACON, et ce sera d'abord , parce qu'étant moderne, il prouvera contre quelques personnes , que la célébrité de ce philosophe n'est pas surannée , et à cause de la classe du panégyriste, dont l'auteur du recueil d'où je le tire , dit ceci : « Un homme de lettres bien connu, (M. « GARAT, *leçons de l'école normale*, premier « volume) admirateur zélé des auteurs dont « nous venons de produire les témoignages , « (les encyclopédistes) qui partage leurs « sentiments , et paroît avoir étudié autant « qu'eux les ouvrages de BACON , et aussi « bien qu'eux saisi sa *méthode* , en parle en « ces termes ».

« Le premier des créateurs de l'analyse de l'entendement humain , et le premier sans aucun doute en génie comme en date , c'est BACON. A peine BACON a conçu ses premières vues sur les facultés de l'entendement et sur les moyens d'en diriger l'exercice ,

tout-à-coup, et comme si en pénétrant la
nature de son esprit, il avoit été admis aux
révélations d'un génie supérieur aux hommes,
il paroît, il se place au milieu des sciences
et des savants, comme leur législateur universel. Toutes ses pensées et toutes ses pa-
roles respirent je ne sais quelle grandeur, qui
annonce l'homme venu pour changer toutes
les opinions et pour régénérer toutes les intelligences.

« Dans son premier ouvrage, *de dignitate
et augmentis scientiarum*, BACON embrasse
toutes les sciences, comme si elles étoient
toutes également de son domaine; il leur
fait subir de nouvelles divisions qui les éclai-
rent, et leur indique de nouvelles cultures
qui les enrichiront. Là, il s'érige comme au
milieu des siècles de littérature, de sciences et
de philosophie, un tribunal de censure, où
il cite et fait comparoître, tout ce qui a été
pensé et écrit dans tous les âges; il sépare
les vérités des erreurs, et en appréciant ce
qui a été fait, il trace le tableau bien plus
vaste de ce qui reste à faire. Il signale les
routes où l'on s'étoit égaré, et il les ferme;
il en indique et il en ouvre de toute part de
nouvelles; et comme il le dit lui-même dans

ce style étincelant d'images, qui rend la raison plus éclatante sans la rendre moins exacte, il ne ressemble point à ces statues qui, sur le bord des chemins, indiquent du doigt aux voyageurs celui qu'ils doivent suivre, mais qui restent muettes et immobiles : en ouvrant une route, il y entre, il fait les premiers pas et les plus difficiles ; il parle aux voyageurs qu'il guide, et en se séparant d'eux, il leur enseigne encore comment ils devront marcher lorsqu'il ne sera plus à côté d'eux ou à leur tête.

« Dans son second ouvrage, qui devroit être le plus beau, parce que c'est le caractère du vrai génie de croître toujours, dans le *novum organum*, ses vues se sont tellement étendues, qu'elles sont devenues universelles : il ne suit plus les sciences une à une, pour tracer à chacune des règles particulières ; il cherche des principes, qui seront des lois et des lumières pour toutes les sciences à la fois. . . .

« La méthode de BACON a changé la face des sciences, et les sciences depuis BACON, ont changé la face du monde. . . . Il est un fait que je dois rapporter, parce qu'il est le plus beau titre de la gloire de BACON. . . .

Les trois plus belles découvertes de NEWTON,
les plus belles peut-être de tous les siècles,
sont le système de l'attraction, l'explication
du flux et reflux, et la découverte du principe des couleurs dans l'analyse de la lumière.
Eh bien ! NEWTON, en découvrant ces trois
grandes lois de la nature, n'a fait que soumettre aux expériences et au calcul, trois
vues de BACON. . . . (Ceci est très-exagéré,
et rabaisse sans nécessité pour BACON, et en
le rendant même à quelques égards contra-
dictoire avec lui-même, la gloire immortelle
de NEWTON), M. GARAT continue toujours
avec raison, excepté en ce point :

« Les sciences physiques, et la science de
l'entendement, dont l'étendue est immense,
ne pouvoient contenir encore tout le génie
de BACON. En général, en Europe, l'érudition a empêché la philosophie de naître et de
se répandre, et la philosophie, qui n'a pas
toujours été la raison, a affecté un grand dédain pour l'érudition. BACON, également
placé entre les érudits et les philosophes, a
cela de particulier entre tous les écrivains,
qu'il est en même-temps et celui qui a ouvert
le plus de routes et de vues nouvelles aux
siècles à venir, et celui qui a le mieux pos-

sédé tout ce que les siècles passés avoient produits de grand et de beau ; les faits les plus éclatants de l'antiquité, les pensées les plus brillantes, les expressions les plus riches, les mots les plus piquants, étoient sans cesse présents à sa mémoire, et son génie les aggrandissoit, les embellissoit encore, en les semant dans ses ouvrages. L'ancienne mythologie, parmi ses divinités, en avoit une qu'elle représentoit avec deux têtes, l'une tournée vers les siècles écoulés, qu'elle embrassoit d'un seul regard, l'autre vers les siècles à venir, qu'elle embrassoit aussi, quoiqu'ils n'existassent pas encore ; on diroit que c'est l'image et l'emblème du génie de BACON.

LA réunion de toutes les classes de gens de lettres dans ces éloges, et leur harmonie, forme peut-être par la grandeur des objets, le tableau le plus magnifique que puisse offrir l'histoire de la littérature : BACON y est placé d'une commune voix, à la tête des *sciences naturelles* et de la *philosophie*, et dès le plus ancien de ces éloges, jusqu'au plus moderne, on le voit représenté comme devant toujours demeurer le guide de ceux qui se livrent à ces études ; mais *en quoi* doit-il nous diriger encore ? Voilà ce que se demanderont naturellement les lecteurs capables d'attention, et c'est précisément, ce que les *encyclopédistes* ont effacé. Je les justifie cependant jusqu'à un certain point dans mon esprit, quant à la bonne foi : leurs lumières ne s'étendoient pas jusqu'à saisir ce qui distinguoit vraiment BACON à l'égard des *sciences naturelles*. DIDEROT, d'ALEMBERT, VOLTAIRE, et les autres grands acteurs dans l'*encyclopédie*, étoient sans doute des gens de génie et d'esprit, et ils avoient divers genres de talents et de lumières, dans lesquels ils excelloient, mais aucun d'entr'eux n'avoit seulement mis le pied dans les *routes* tracées par BACON, qu'ils célébroient sans les connoître. Ainsi, parcourant les ouvrages de ce philosophe, ils pouvoient bien être frappés de la beauté, de la magnificence, même de l'ensemble extérieur du *corps*, dirois-je, mais ils ne pouvoient en saisir l'*esprit*, et ils l'y placèrent suivant leurs vues. Cependant, si par-là ils peuvent n'avoir pas été de mauvaise foi, ils n'ont pas moins défiguré, perverti, le plus beau des modèles : BACON travailloit à dissiper les ténèbres qui couvroient la nature, et leur interprétation de ses principes tendroit à perpétuer cette obscurité en son nom.

Voilà ce que je dois prouver dès l'entrée ; car avant que de pouvoir suivre la marche bien déterminée qu'a tracée BACON pour arriver à une *philosophie* réelle, il faut écarter le voile dont on l'avoit couverte. BACON ne vouloit tirer la *philosophie* que de la *nature*, et, par un sentiment profond de la foiblesse de l'homme, il la subordonnoit toujours à la *révélation*. Tel est le plan de ce grand homme dans tout le cours de ses ouvrages, et on l'a totalement changé : c'est ce que je montrerai dans ses deux parties distinctes ; la *philosophie*, considérée en elle-même, et les limites qu'il lui assignoit en vue de la *révélation*.

DEUXIEME PARTIE.

Les fausses idées répandues sur la philosophie de BACON, détruites par lui-même.

SECTION PREMIÈRE.

Principes généraux de BACON, sur les sources de la PHILOSOPHIE.

Si le *scepticisme* règne encore à l'égard de la *nature*, malgré la *certitude* acquise dans plusieurs branches de connoissances qui s'y rapportent, c'est en grande partie, parce qu'on a oublié ou défiguré les préceptes de BACON, tendants à réunir ces branches à leur tronc : de sorte qu'au lieu de l'accord qu'il désiroit voir naître entre les observateurs, pour que chacun d'eux, selon ses talents ou sa position, en s'occupant des branches de recherches qui étoient à sa portée, le fit en vue de certains points de réunion qu'il indiquoit, la plupart de ceux qui s'y livrent, le font sans aucun plan commun ; et c'est ainsi que ces branches de connoissances, demeurant écartées les unes des autres, ne manifestent aucune liaison entr'elles.

C'est à l'époque où tout se préparoit à de grands pas dans la connoissance profonde de la nature, quand les grandes généralisations faites par Newton des principaux phénomènes de l'univers, avoient vaincu les préjugés, et répandu une grande lumière sur l'entrée de la physique générale ; quand la physique expérimentale, possédant déjà de grands moyens, offroit des routes pour s'avancer dans la physique terrestre, et par elle, dans l'intelligence des phénomènes de l'univers ; quand l'espérance du succès dans ce grand genre , y avoit appelé des hommes capables de la réaliser ; en un mot, c'est au temps où tout tendoit à manifester les *causes physiques* qui agissent profondément dans la nature, que tout-à-coup un certain nombre d'hommes, peu instruits dans les *sciences naturelles*, ne les connoissant que par des livres dont ils n'étoient pas juges ; mais possédant le talent de captiver les hommes inattentifs comme eux, ont émoussé l'aiguillon de ces recherches. Le moyen de ce fatal changement est tout compris dans les trois passages de d'Alembert, que j'ai fait remarquer ci-dessus,

et que je vais répéter pour en montrer ensuite l'erreur. Ce chef *encyclopédiste* dit , parlant de BACON : « *Ennemi des systèmes* , il n'envi-
« sagea la *philosophie* que comme cette partie
« de nos connoissances , qui doit contribuer
« à nous rendre meilleurs et plus heureux ;
« il semble *la borner à la science des choses*
« *utiles*, et recommande partout l'étude de
« la nature ». — « Il invite les savants à per-
« fectionner les ARTS *, qu'il regarde comme la*
« *partie la plus relevée et la plus essentielle*
« *de la science humaine.* » — « *Il avoue.* . .
« que l'esprit humain doit *sacrifier* l'étude
« des *êtres généraux ,* à celles des *objets par-*
« *ticuliers* ». Voilà qui dès-lors , sur l'auto-
rité prétendue de BACON , a été suivi à la lettre. On a abandonné la recherche des *causes générales.* La *physique ,* dans laquelle se rassembloient les résultats des recherches de ce genre , et qui jusqu'alors avoit con-
servé cette acception sous laquelle BACON la présente toujours , a été presque entièrement désertée ; et son nom ayant été transporté à la simple *observation,* elle a été oubliée elle-même par la plupart de ceux qu'on nomme physiciens ; ils ne s'occupent plus que des *phé-nomènes superficiels* , groupés par parcelles ,.

et d'après lesquels ils font des *systèmes* isolés; car, comme je l'ai dit, l'esprit humain *systématise* dès qu'il a rassemblé un certain nombre d'objets qui ont quelque apparence de rapport entr'eux. Mais on ne compare pas ces *systèmes*, on ne les réunit point, pour juger s'ils se lient à quelque *système général;* parce qu'on a conçu l'idée qu'il n'étoit pas possible de former un tel *système* avec aucun degré de certitude, et delà, résulte une conséquence qui éloigne de plus en plus ce dont on désespère; je veux dire le peu de soin de déterminer les caractères *intrinsèques* des *phénomènes* eux-mêmes, tandis qu'on apporte souvent une exactitude minutieuse dans la description des caractères *superficiels*.

Ce ne sont pas seulement les préceptes de BACON, ce sont ceux de NEWTON et de tous les vrais instituteurs des sciences naturelles, qu'il a fallu défigurer, pour faire ainsi rétrograder la *philosophie*, et il étoit bien nécessaire d'entreprendre enfin d'apporter quelque remède à ce mal croissant. M. LE SAGE, qui depuis long-temps marche sur les traces de NEWTON, et dont j'aurai occasion de parler sous ce rapport, a fait contre cette défiguration de nos modèles, une réclamation dont j'ai déjà parlé ci-dessus , dans laquelle il combat , par Bacon lui-même , la maxime dont on a vu la source dans les assertions de d'Alembert , et qui dirige maintenant la plupart des naturalistes. Je commencerai donc ici par son recueil de passages sur cet objet , en le faisant précéder de son propre préambule.

« Ce siècle (dit M. le Sage) surnommé *philosophique* , qui se dit si bien affranchi du joug de toute *autorité* , y est cependant asservi à l'égard de quelques questions délicates : savoir , quand il croit pouvoir se dispenser de les examiner , en s'en rapportant positivement à quelque grand nom , sur ce qu'il doit en penser. Et cela doit être ainsi , vu l'immense multitude d'écrits qui s'offrent actuellement à notre curiosité , sans que pourtant notre vie soit plus longue que celle de nos devanciers.

« Si donc, ces respectables autorités , passoient (par exemple) pour avoir proscrit certaines recherches, comme *infructueuses* à tous égards , il étoit naturel que la foule des lecteurs les regardât du même œil. Seulement , on auroit dû s'assurer auparavant, si le *fait* n'étoit pas exagéré , ou même hasardé : c'est-à-dire, si ces premiers juges n'avoient point modifié leur sentence, par quelques restrictions, ou si même, ils n'avoient pas été d'un avis contraire à celui qu'on leur prête.

« Mais, les mêmes occupations ou distractions qui avoient détourné tant d'esprits superficiels d'examiner le fond même des questions, les ont détournés aussi de vérifier (par une lecture soigneuse des livres originaux) si leurs auteurs avoient réellement soutenu les opinions que le bruit public leur attribue. De sorte que non seulement ils n'ont point eu occasion de se guérir de leurs *préjugés*, mais encore ils s'y sont confirmés de plus en plus, soit par la répercussion mutuelle des échos, soit par le silence (pris pour approbation) du petit nombre d'esprits éclairés qui auroient pu détruire ces préjugés.

« Il seroit bien temps enfin, que quelqu'un qui sut écrire avec un peu d'énergie, réclamât hautement contre ces citations incomplètes (ou même infidèles) qui ont entraîné tant de gens inattentifs. Et, en attendant mieux, il ne sera pas entièrement inutile qu'on ébauche, du moins de gros en gros, une telle *réclamation*, ce qui donnera peut-être, l'éveil à des écrivains capables de la développer convenablement.

« *Chap. I.* LE CHANCELIER BACON.

« M'étant occupé pendant toute ma jeunesse de la recherche des *causes générales*, mais ayant ensuite vu affirmer (et répéter jusqu'à l'ennui), dans presque tous les livres modernes de physique, que le grand BACON avoit condamné cette recherche, comme désespérée et comme inutile ; je voulus enfin savoir, sur quelles raisons ce législateur de la philosophie appuyoit deux opinions qui ne me paroissoient pas raisonnables ; car ces écrivains ne rapportoient jamais que ses simples assertions ; et il me parut indispensable de m'en informer par moi-même, parce que je soupçonnois fort, qu'il n'y avoit qu'un petit nombre d'entr'eux qui eussent lu l'original, puisqu'ils s'accordoient tous à en citer les mêmes passages, courts et très-peu nombreux, comme s'ils les eussent copiés les uns sur les autres.

« Or, je fus très-amplement dédommagé de la petite fatigue que donne quelquefois la nomenclature de ce génie incomparable,

par la multitude des vues sublimes et fort ju-
dicieuses, dont ses ouvrages philosophiques
sont parsemés, et j'y vis entr'autres, avec satisfaction, que comme on ne possédoit point
encore *quelque art de découvrir sûrement la
vérité*, du moins en *physique*, il n'étoit pas
surpris qu'il y eut tant de *sceptiques* sur cette
matière ; à quoi il ajoutoit : qu'au lieu de
jeter le manche après la coignée, ces philosophes auroient dû observer, que le mal
provenoit de ce qu'on étoit entré dans de
mauvaises routes. Il se proposoit donc d'y
suppléer : non (disoit-il modestement) par
la force de son génie ; mais en indiquant
quelques nouvelles règles pour discerner la
vérité ; et même il ne développa pas assez ces
règles, pour qu'il fut aisé à des esprits ordinaires d'en faire tout de suite quelques applications.

« Son coup-d'œil perçant lui fit bien concevoir, qu'on pourroit aller assez loin dans
la recherche des *causes naturelles*, même les
moins à portée de nos *sens*, pourvu qu'on en-
trât dans de nouvelles *routes* ; mais il avouoit
modestement, qu'il ne se faisoit presque aucune idée de ce que pourroient être ces routes, excepté cependant, une sorte d'*induction*,
plus

plus propre que l'induction ordinaire à avancer dans cette recherche ; savoir, des *exclusions* ou rejections, dont il pressentoit vaguement les avantages, sans en déterminer la marche. J'articule (de préférence) cette route-là, parce que j'ai toujours été surpris, qu'aucun des physiciens qui semblent avoir lu les écrits de BACON, ne se soit avisé de cultiver cette méthode, que moi commençant, j'avois essayé d'appliquer à la physique.

« Cet incomparable philosophe sut prévoir aussi qu'on réussiroit beaucoup mieux à découvrir les *causes naturelles*, en disséquant et subdivisant la *matière*, comme avoit fait DÉMOCRITE, qu'en partant, comme ARISTOTE, de quelques qualités considérées abstraitement.

« Il attachoit aussi un très-grand prix à la *configuration* des particules, et à leur *mouvement* : il disoit même sur ce dernier chef qu'il n'étoit point étonné que la connoissance des *causes* n'eût fait aucun progrès, tant qu'on ne les avoit cherchées que dans des principes *tranquilles ;* puisque c'étoit sans doute dans des principes *agités*, qu'il auroit fallu la chercher ; mais il ne pouvoit pas insister en détail là-dessus , vu l'ignorance où l'on étoit alors des règles de la communication du mouvement.

« En général , les préceptes de Bacon étoient trop relevés, pour être goûtés et suivis par son siècle : aussi ne fit-il point d'enthousiastes , ni par conséquent de secte. La vérité , consistant ordinairement dans des milieux tempérés » que les esprits communs ne saisissent guère , et que les esprits ardents goûtent fort peu , elle étend plus lentement son empire, que ne le font les opinions extrêmes et tranchées : d'autant plus que ceux qui l'énoncent étant ordinairement des gens sans intrigues ni passions, ils ne cabalent et ne machinent point en sa faveur.

« Il dût surtout bien déplaire aux philophes de son temps, quand il prononça itérativement qu'un physicien *calomnie la nature* , lorsqu'il multiplie les principes d'explication, uniquement parce qu'il ne sait pas expliquer tous les phénomènes par peu de principes , et qu'il *calomnie l'esprit humain,* quand il le juge incapable d'aucune autre ressource , que celles dont il a su s'aviser luimême.

« Je ne m'étends pas davantage sur ce qu'il dit des *moyens* de perfectionner la *physique*; parce que ce n'est pas là-dessus principalement qu'on a tronqué ou défiguré ses pensées; mais bien plutôt à l'égard de la prétendue *inutilité d'une connoissance des causes générales*; ce que, par cette raison, je vais examiner plus au long; et comme ce sont surtout les réflexions favorables à l'*utilité* de cette connoissance, qu'ont supprimé le plus constamment les écrivains qui rapportent d'autres passages de ce respectable législateur ; j'aurai soin de traduire bien littéralement la plupart de ces réflexions-là.

Enfin, pour ne pas disperser l'attention du lecteur sur tant de citations éparses et diverses, en la faisant sautiller trop souvent, d'une certaine considération à une considération toute différente, pour revenir ensuite à cette première (comme le fait très-souvent notre auteur,) je rapprocherai les uns des autres, les passages qui ont le plus d'analogie entr'eux, en les groupant ensemble, à part de ceux qui ont moins de ressemblance avec eux.

« Mais avant que de passer à ces différents groupes de passages favorables à ma thèse, je vais répondre aux deux raisons qu'on allègue en faveur de la thèse contraire :

« 1°. Donc, on observe que Bacon s'est beaucoup plus étendu sur les avantages de l'expérience, que sur ceux de la recherche des causes. A quoi je réponds que cela étoit absolument nécessaire de son temps, vu qu'alors on négligeoit trop les observations, pour courir après des subtilités scholastiques.

« 2°. L'on répète jusqu'à satiété la période suivante du *novum organum* (laquelle fait partie du dixième aphorisme du second livre) : *Neque fingendum aut excogitandum , sed inveniendum , quid natura faciat aut ferat ;* comme si elle nous interdisoit la recherche des *causes*. Mais je n'y vois qu'une distinction sur la manière dont on doit procéder à cette recherche, et voici comment je traduirois cette période : « Il ne faut pas fabriquer ou ima« giner gratuitement des explications ou cau« ses ; mais on doit procéder méthodique« ment à découvrir les opérations et pro« ductions de la nature. » D'ailleurs, cette règle là ne doit pas être prise généralement, puisqu'elle n'est prescrite que dans l'une des trois *ministrations* de la première partie des *indices sur l'interprétation de la nature.* (*)

« Au reste , les lecteurs fort économes de leur temps ne doivent pas appréhender , de ne trouver ici que des passages uniquement propres à soutenir la thèse pour laquelle j'écris tout ceci ; ces mêmes passages étant entre-mêlés d'autres excellentes réflexions , qui peuvent avoir échappé à quelques-uns de ces lecteurs.

« **Article. I**er. *Inconvénients qui résultent , de ce qu'on se livre exclusivement aux expériences.*

« 1. La considération des *antipathies* et *sympathies* , ainsi que des *propriétés cachées* et particulières , est une espèce de *magie* ou de grimoire , qui endort l'entendement humain , par le murmure et le jargon de ces vertus *occultes* et *spécifiques* , en les transmettant respectueusement et mystérieusement aux lecteurs trop dociles , comme si elles étoient descendues du ciel. De sorte que la crédulité

(*) On verra dans la suite , ce passage étant à sa place , qu'il ne se rapporte point du tout à la *manière* dont la nature *opère* , mais aux simples *faits* , qu'il ne faut ni *supposer* , ni *imaginer* , mais *trouver*.

se reposant sur ces traditions oiseuses, les hommes ne sont plus excités à une recherche vigilante et profonde des *causes* proprement dites. (*De augmentis scientiarum*, liv. III. Chap. V.)

« 2. La plupart des physiciens renoncent à une connoissance universelle des *choses* et à la recherche des *principes*; ce qui est extrêmement nuisible à l'avancement des doctrines. Car quand on veut découvrir au loin, on doit monter sur les tours ou sur les lieux fort élevés, et il est impossible à qui que ce soit de sonder les parties éloignées et intimes de quelque science, s'il s'arrête au rez-de-chaussée de cette science, au lieu de s'élever au faîte, comme à un observatoire. (*Ibid.* Liv. I.)

« 3. Tant que l'*astronomie* se borne à l'*extérieur* des *choses célestes* (comme sont leur nombre, leur situation, leurs mouvements, leurs périodes,) sans y joindre les *viscères* de ces *choses* (savoir les *causes physiques*;) elle n'instruit l'entendement humain, que comme une peau empaillée nous donne la connoissance d'un animal, et il nous manque une autre *astronomie*, qu'on puisse appeler *organisée et vivante*. (*Ibid.* Liv. III. Chap. IV).

« 4. Pour étendre le pouvoir et les opérations de l'homme, il ne suffit pas (ou il n'importe pas beaucoup) de connoître *de quoi* les choses sont composées ; si l'on ignore les *moyens et les voies* des changements qu'ils subissent. C'est cependant sur ces *principes morts* que travaillent le plus souvent les spéculatifs ; comme s'ils ne se proposoient que de contempler le *cadavre* de la nature , sans chercher les facultés qui constituent sa *vie*. De sorte qu'on ne s'occupe des *principes moteurs* que presque en passant et fort négligemment ; quoiqu'ils soient la chose la plus considérable et la plus utile de toutes. (*Cogit. de naturâ rerum*. Pensée III.)

« 5. Quand un physicien n'aura recherché d'entre les *causes*, que celles des phénomènes tels qu'ils se présentent au vulgaire (c'est-à-dire, composés de plusieurs), sans les avoir réduits à une véritable décomposition ou *simplicité*, comme par distillation ; il pourra bien (s'il est conséquent d'ailleurs), ajouter quelque chose de passable et même d'ingénieux aux découvertes d'autrui ; mais il n'ouvrira aucune route majeure, et comme séculaire, et il ne méritera pas le nom d'*interprète de la nature*. (*Impetus philosophici*. Ch. I § 8).

« 6. En philosophant uniquement d'après *l'expérience*, on tombe encore plus aisément dans des opinions irrégulières et contraires au cours de la nature, qu'en philosophant uniquement *à priori*, et spéculativement. *N. B.* Voici quelques-uns des abus auxquels on s'expose dans la première de ces routes.

« L'instruction que nous fournissent nos sens, étant souvent en défaut et même trompeuse ; l'observation sur laquelle on se fonde, pouvant avoir été faite avec peu de soin ou de régularité et comme au hasard ; les témoignages étant ordinairement légers et mal rapportés ; les pratiques dirigées vers le lucre et asservies à la routine ; la marche des expériences aveugle, déraisonnable, vague et irrégulière ; enfin, l'histoire naturelle étant superficielle et incomplète : ces moyens-là n'ont pu fournir à l'entendement, que des matériaux très-défectueux pour l'avancement de la philosophie et des sciences. (*Nov. organ.* Aphor. LXIV.)

« 7. *On se tromperoit du tout au tout* sur mon intention, quand je *recommande* aux physiciens de rassembler des *expériences* concernant *les arts*, si l'on se figuroit qu'il *s'agit seulement* d'en venir à les mieux *perfectionner.*

Car, quoique dans plusieurs cas je ne méprise pas complétement ce *perfectionnement
des arts;* cependant mon *but* est entièrement,
que les ruisseaux de toutes les *expériences mécaniques* se rendent de toute part dans l'océan
de la *philosophie.* Je le répète donc, ce n'est
pas pour les *faits* eux-mêmes, que je propose
d'en faire la collection; et il ne convient point
d'en mesurer l'importance d'après eux, mais
d'après leurs conséquences et leur influence
sur la *philosophie.* (*Parasceve ad hist. natur.
et exper.* Aphor. V. et VI.)

« 8. En général, les hommes ne pourront
tirer parti de leurs forces, que quand ils ne
se livreront pas tous à-la-fois à un seul et
même genre de recherches; mais que les uns
en embrasseront une certaine sorte, et les
autres d'une espèce différente, (suivant la
diversité de leurs goûts et de leurs talents.)
(*Nov. organ.* Aphor. CXIII.)

« ARTICLE II. *Préférence que méritent les expériences utiles à la* PHILOSOPHIE, *sur
celles qui sont utiles aux* ARTS.

« 1. Il faut toujours *avoir présent à l'esprit*
ce que j'inculque *perpétuellement :* qu'on doit
rechercher les expériences propres à nous

éclairer, avec encore plus de soin que celles dont on peut tirer quelque *avantage*. (*De aug. scient.* Liv. V. Chap. II).

« 2. La première conséquence qu'il faut tirer d'une expérience quelconque, c'est la connoissance des *causes* ou des *propositions générales*; et l'on doit s'attacher aux expériences *lucifères*, plutôt qu'à celles qui sont *fructifères*. (*Nov. org.* Liv. I. Aphor. LXX).

« 3. Le bon ordre des expériences consiste d'abord à *allumer le flambeau* qui doit éclairer la route, ensuite à la parcourir ; en commençant par quelque expérience régulière, réfléchie et exempte de tâtonnements ; en en déduisant ensuite des *propositions générales* ou *principes*, et passant delà aux nouvelles expériences que suggéreront ces propositions. (*Ibid.* Aphor. LXXXII).

« 4. On pourra concevoir une espérance bien fondée sur l'avancement ultérieur des sciences ; quand on introduira et qu'on accumulera dans l'histoire naturelle beaucoup de ces expériences, qui n'ont *aucune utilité* par elles-mêmes, mais qui servent seulement à trouver des *propositions théorétiques* et des *causes*; expériences que j'ai nommées *lucifères*, pour les distinguer des *fructifères*. Or, ces expériences *lucifères* possèdent une merveilleuse prérogative ; savoir   de ne jamais frustrer notre attente ; car , comme on les emploie non pour produire quelque *effet* , mais pour contribuer à constater la réalité de quelque *cause* soupçonnée ; quelque soit leur résultat , elles répondent toujours également à notre but , puisqu'elles décident la question affirmativement ou négativement. (*Ibid.* Aphor. XCIX).

« 5. Il y aura beaucoup de choses dans l'*histoire naturelle* telle que je la propose , qui paroîtront subtiles, et plus curieuses qu'utiles; non seulement aux esprits vulgaires , mais même à un entendement quelconque accoutumé à l'état présent de la physique. C'est pourquoi je dis et répète : que je requiers qu'on débute par des expériences *lucifères* et non *fructifères*. . . La connoissance des principes simples , bien examinée et déterminée , est une *lumière* qui éclaire toutes les opérations , et qui a la force d'embrasser (ou de mener à sa suite) des multitudes de pratiques , ainsi que d'être la source de propositions éminentes : sans (cependant) que cette connoissance , considérée en elle-même , soit d'une grande utilité. (*Ibid.* Aph. CXXI).

« 6. L'*histoire naturelle* que je propose , n'est point celle qui amuseroit par la variété des objets, ou qui apporteroit quelque profit immédiat par des expériences avantageuses : mais plutôt, celle qui puisse éclairer la *recherche des causes* , et allaiter l'enfance de la *philosophie*. Car , quoique je prêche principalement la pratique et la partie active des sciences ; cependant, je crois qu'on doit attendre la saison la plus propre à la récolte , et ne point moissonner le blé en herbe ; car je sais parfaitement que les propositions solidement établies , mènent à des légions de pratiques , non éparses , mais groupées : au lieu que je blâme et déconseille entièrement (comme la pomme d'or qui retarda la course d'A TALANTE) , ce désir prématuré et puéril de capter promptement quelque gage de nouvelles manipulations. (Distribution de l'*Instaur. magna.*)

« 7. Si quelqu'un , qui n'auroit fait aucune découverte particulière , matériellement utile, avoit *allumé un flambeau* propre à éclairer les bords des choses qui touchent à celles qu'on connoissoit déjà ; et qu'ensuite ce *flambeau* , ayant été exhaussé, il vienne à faire voir et à dévoiler les choses les plus abstruses ;

un tel penseur me paroîtroit étendre l'empire de l'homme sur l'univers , ainsi que le délivrer de ses fers et entraves. (Préambule du traité *de interpretatione naturæ.*)

« 8. Le *but le plus élevé* de l'histoire naturelle est de fournir les moyens et les matériaux d'une induction solide et concluante , et de tirer des objets qui tombent sous les sens , autant de connoissances qu'il en faut *pour instruire l'entendement.* Car , quant à l'autre but de cette étude , qui se borne à nous amuser par des descriptions , ou à nous procurer quelque avantage matériel , il est certainement d'un ordre *inférieur* et d'un genre *subalterne ,* en comparaison de celui qui est propre à préparer notre esprit pour établir la *philosophie.* L'Histoire naturelle que je recommande est donc celle qui sert de base solide et durable à une *philosophie* réelle et active ; et qui fournit à *l'étude de la nature* la *première étincelle* d'une lumière pure et exempte d'illusion. (*Descriptio globi intellectualis.* Chap. III.)

« 9. Ce qui a perdu la *physique expérimentale ,* c'est que les hommes ont recherché principalement les expériences *fructifères ,* et même plus promptement que les *lucifères ;*

et qu'ils se sont entièrement attachés à produire quelque ouvrage éclatant, plutôt qu'à manifester les *oracles de la nature*; ce qui cependant seroit l'ouvrage des ouvrages, et renfermeroit toutes les puissances humaines... Leur méprise et erreur à cet égard provient de ce qu'ils se sont figurés, que l'office de la *physique* consistoit à plier et réduire les *faits* qui arrivent rarement à ceux qui nous sont familiers; au lieu que cet office consiste plutôt à déterrer les *causes* de ces choses familières mêmes, et les *causes reculées* de ces *causes*. (Préf. de l'*Histoire universel.*)

« Article III. *Avantages généraux de la connoissance des causes.*

« 1. De même que l'abeille ne se borne pas à puiser dans les fleurs la matière de sa cire et de son miel, mais qu'elle la digère et la transforme encore par une faculté qui lui appartient : ainsi, le travail de la véritable *philosophie* consiste à déposer les matériaux de l'histoire naturelle et de l'expérience, non dans la *mémoire* seulement, et tels qu'ils se présentent ; mais dans l'*entendement*, après les avoir transformés et façonnés. De sorte qu'on peut augurer les plus heureux succès d'une alliance plus étroite et plus sage, que formeront nos successeurs entre ces deux genres de travaux. (*Cogitata et visa.*)

« 2. Celui qui connoît bien les qualités universelles de la matière, et par là de quoi elle est capable, ne pourra pas ignorer non plus, ni le passé, ni le présent, ni l'avenir ; au moins quant aux résultats généraux. (*Descriptio Globi intellectualis*. Chap. V.)

« 3. La connoissance des *causes physiques* répand du jour sur les ouvrages analogues, et donne prise à de nouvelles inventions. (*De Augm. Scient.* Liv. III. Chap. IV.)

« 4. Celui qui connoît les *formes* (c'est-à-dire les qualités fondamentales), en déduit et découvre (ce qu'on n'a point fait jusqu'à présent) des choses que les vicissitudes de la nature, ni les expériences les plus industrieuses, n'auroient jamais pu mettre au jour, et qui ne seroient jamais entrées dans la pensée des hommes. (*Aphor. et consilia de auxiliis mentis.*)

« 5. C'est avec raison qu'on a dit : Que *pour savoir véritablement les choses, il faut en connoître les causes.* Car il n'est pas vraisemblable qu'on puisse savoir véritablement une *chose*, avant que l'esprit soit entièrement affer-

mi dans l'explication de ses *causes*. (*Nov. org.*
L. II, Aph. II, et *Scala Intell.*)

« 6. Ce qui fait manquer les opérations,
c'est surtout l'ignorance des *causes :* car ceux
qui connoissent bien les *causes*, sont aussi
de bons juges des effets et des opérations.
(Distribution de l'*Instauratio magna*, et Préf.
des *Phœnomena universi.*)

« 7. Celui qui connoît les *formes* (c'est-
à-dire les différentes qualités des différentes
substances), est en état de classer ensemble,
par quelque conformité naturelle, les matières les plus dissemblables en apparence.
Ainsi, il peut découvrir et produire des choses
qui n'avoient point encore été faites, et qui
n'auroient jamais été réduites en acte, soit
par les vicissitudes de la nature, soit par des
expériences ingénieuses, soit même par hasard; enfin, qui ne seroient jamais entrées
dans la pensée de l'homme. (*Nov. org.* L. II.
Aphor. III.)

« Article IV. *Considérations plus particulières sur la recherche des causes.*

« 1. Je propose une entreprise beaucoup
plus grande que l'*astronomie vulgaire.* Car je ne
pense

pense pas seulement aux calculs et aux prédictions qui composent ordinairement cette science, mais à la *philosophie :* savoir, celle qui puisse instruire l'entendement humain (par des causes naturelles et des raisons solides) de tout ce qui concerne les corps célestes : non seulement de leur mouvement et de leurs périodes, mais aussi de leur substance et de toutes leurs qualités. (*Descr. globi intellect*. Chap. V.)

« 2. Il n'y a presque personne qui ait fait des recherches sur les *causes physiques ;* par exemple, sur la substance des choses célestes, soit les étoiles, soit ce qui occupe leurs intervalles. C'est pourquoi j'affirme que la *partie physique de l'astronomie* est une chose encore à faire. (De *Augment. Scient*. Livre III. Chap. IV.) .

« 3. La recherche de la première *constitution des atomes* est si importante, que je doute si son *utilité* n'est pas absolument la plus grande de toutes, vu qu'elle est la règle suprême de l'action et de la force, la véritable détermination de nos espérances, et la directrice de nos opérations. (*Impetus philosophici*. Pensée I.)

« 4. Si la doctrine de Démocrite sur les

atomes n'est pas vraie, on peut du moins s'en servir pour faire comprendre certaines vérités, et l'on ne doit point s'en défier, à cause de la *subtilité* qu'elle suppose dans la nature; car on doit comprendre que les choses les plus petites sont soumises au calcul, comme les plus grandes. Et personne ne doit se figurer, que cette doctrine soit *une spéculation* plus curieuse qu'utile; car on peut remarquer, que presque tous les philosophes, qui se sont occupés d'expériences et d'objets particuliers, et ont comme disséqué la nature jusqu'au vif, tombent enfin naturellement dans de semblables recherches, quoiqu'ils n'en viennent pas heureusement à bout.

« 5. Quant à l'*utilité* de cette recherche sur la première *constitution des atomes*; je ne sais si elle n'est pas la plus importante; puisqu'elle doit servir de règle pour juger en dernier ressort, de toute activité et force des corps. (*Impetus phil.* Pensée II, et *Nov. org.* L. II. Aphor. VII et XXV.)

« 6. Il faut bien décomposer les corps; pourvu que ce ne soit pas à l'aide du feu, mais par la *raison*, et par une induction proprement dite, avec les expériences auxiliaires. Il faut aussi, comparer les corps entr'eux; les réduire à de simples éléments : enfin, démêler les qualités qui s'y rencontrent et qui s'y combinent. Il faut en un mot quitter VULCAIN pour MINERVE, si l'on veut répandre la lumière sur les *tissus* et *configurations* intimes des corps ; d'où dépendent toute propriété et vertu des choses, et d'où l'on déduit toute règle des altérations et transformations considérables. (*Novum organum*. Liv. II. Aphor. VII.)

« 7. Les hommes ont accoutumé de borner leurs recherches sur les *causes*, à ceci : de rapporter les phénomènes rares, à ceux qui sont fréquents, en donnant ceux-ci pour *causes* de ceux-là ; mais de ne point chercher les *causes* de ce qui arrive *souvent*, le regardant comme suffisamment admis. Ainsi, ils ne cherchent pas les *causes* de la *pesanteur*, ni des phénomènes journaliers ; mais en partant de ces faits comme manifestes et reçus, ils discutent les autres choses moins familières, et ils prononcent qu'elles sont les conséquences de ces faits. Au lieu que je suis sûr, qu'on ne peut porter aucun jugement sur les choses rares ou remarquables (et bien moins encore en mettre au jour de nouvelles), avant que d'avoir examiné et trouvé les *causes* des *choses ordinaires*, et même les *causes* de *leurs causes*.

« Rien n'a tant nui à la philosophie que la négligence des hommes à l'égard des choses *familières* et *fréquentes* ; car ils n'y arrêtent point leurs regards, ni leur attention; mais ils les admettent en passant, et sans en chercher les *causes*. (*Nov. org.* L. I. Aphor. CXIX.) »

Les passages rassemblés là par M. LE SAGE, ainsi que beaucoup d'autres analogues que j'aurai successivement occasion de rapporter, sont tellement essentiels au plan de BACON, que les supprimer, c'est détruire tout lien entre les idées de ce philosophe. Cependant, c'est ce que faisoit d'ALEMBERT dans les passages de son Éloge que j'ai rappelés au commencement de cette PARTIE; et c'est d'après lui et ses coopérateurs qu'on a répété de toute part, comme étant l'opinion de BACON : « Qu'il faut se borner aux *phénomènes*, sans « se livrer, vainement et inutilement, à la « recherche des *causes* qui les produisent; » ce qui est le résumé de la marche au *scepticisme*.

C'est par-là d'abord qu'on a écarté la *phy-*

sique rationnelle, dont BACON fait le second pas pour arriver à la *philosophie* par les *phénomènes* de l'Univers, la considérant comme la science qui doit s'occuper de la recherche des *causes* dans la nature, pour fournir à la *métaphysique* ses résultats généraux. Or, ce pas intermédiaire, ce lien des *phénomènes* à la *philosophie*; ayant été supprimé, celle-ci est devenue un objet arbitraire, caractère distinctif de la *nouvelle philosophie*. Si cependant ceux qui se disent entièrement dévoués aux *phénomènes* les conservoient purs; se contentant de bien décrire ceux que le grand mouvement actuel de l'observation et de l'expérience présente maintenant de toute part, ce seroient au moins des matériaux en réserve pour un meilleur temps; mais en déclamant contre la recherche des *causes*, ils ne peuvent s'empêcher de mêler une multitude d'*hypothèses* hasardées à leurs descriptions, souvent fléchies vers ces hypothèses; de sorte qu'il faut bien de l'attention et du discernement pour y demêler les *faits* simples, et les faire servir à l'avancement du plan de BACON. Avant lui, les *phénomènes de l'Univers*, observés vaguement et incomplétement, n'avoient pu manifester leurs *causes*; et comme, cependant,

F 3

les hommes ont eu de tout temps la notion d'une CAUSE PREMIÈRE ; ceux qu'on nommoit les *philosophes* avoient voulu en raisonner sans connoître l'*Univers* lui-même ; car on ne le connoît pas quand on s'arrête aux simples apparences ; et c'est ce qui a donné naissance même à l'athéisme. Tel étoit, dis-je, l'état où BACON avoit trouvé la *philosophie*, et c'est celui qu'on a voulu perpétuer en son nom : c'est pourquoi , avant que d'entrer avec lui dans les routes qu'il nous a réellement tracées , je rassemblerai encore ici , sous de nouveaux titres, quelques-unes de ses remarques sur cet état de l'esprit humain.

Quand on se fixe à l'une ou à l'autre des extrémités des recherches sur la nature, sans s'occuper, ni de l'autre extrémité, ni des pas intermédiaires, toute la science humaine est remplie de doute ; ce qui fait naître un *scepticisme général*, sans aucun moyen de s'en délivrer. C'est sur cela d'abord que je rapporterai des remarques de BACON , et en particulier quelques passages dans lesquels il fait voir que le *scepticisme* dogmatique n'a été qu'un jugement précipité sur le pouvoir qu'ont les hommes de connoître ; jugement qui ne procédoit que de ce qu'on n'examinoit pas si l'on avoit suivi les bonnes routes pour arriver à des connoissances *certaines*. Après quoi je rapporterai encore dans ce début ce qu'il dit de général sur les *notions fausses* qui obsèdent l'entendement humain ; afin qu'on puisse d'autant mieux remarquer dans la suite, les moyens qu'il emploie pour les écarter.

ARTICLE **V.** *Inconvénients qui résultent, de ce qu'on se livre aux spéculations philosophiques, sans prendre l'expérience pour fondement.*

C'est dès le frontispice du *Novum organum* (*) que BACON se préparoit à attaquer l'espèce de *philosophie* qu'on a introduite sous son nom depuis un demi-siècle ; c'est pourquoi je le traduirai en entier.

« FRANÇOIS DE VÉRULAM a pensé ainsi : et s'étant formé ce plan à lui-même, il a cru, pour le bien de la génération présente et de la postérité, devoir le faire connoître.

« Ayant trouvé que l'entendement humain se tourmentoit lui-même, faute de faire un usage sage et convenable des moyens qui

-----

(*) Dans d'autres éditions, cette pièce se trouve à la tête de toutes les œuvres de BACON.

sont en son pouvoir; d'où résultoit l'ignorance de beaucoup de choses, et de cette
ignorance mille maux ; il a cru devoir employer tous ses efforts pour chercher s'il n'y
avoit point de moyen de rétablir entre la *raison* et les *choses*, ce commerce auquel rien
n'est préférable dans ce monde, ou de tâcher
du moins de l'établir sur de meilleurs principes. Il lui a paru, que si la raison conti-
nuoit de se livrer à elle-même, il n'y auroit
aucune espérance que les erreurs qui préva-
loient et qui se fortifioient ainsi de plus en
plus, pussent se corriger, ni par les forces
propres de l'*entendement*, ni par les secours
et foibles appuis de la *dialectique* : parce que
les *premières notions* des choses, qui se forment sans peine dans l'esprit durant son in-
dolence, qu'il resserre et accumule, et d'où
naissent toutes ses autres idées, sont vicieuses,
confuses, et extraites des choses sans précautions ; de sorte qu'il ne peut y avoir que fantaisie, qu'inconstance dans ses déductions et
dans toute leur suite. D'où il résulte ; que
toutes ces *notions*, qu'emploie la raison humaine dans les recherches sur la nature n'é-
tant, ni bien recueillies, ni bien arrangées, il
s'en forme une certaine masse magnifique, mais

sans fondement. Car, pendant que les hommes admirent et célèbrent de faux pouvoirs de l'esprit humain, ils négligent et perdent ses vrais pouvoirs, qu'il manifesteroit, s'ils lui procuroient les secours convenables, s'ils le mettoient sous la règle des *choses*, au lieu de les insulter dans leur foiblesse.

« Il ne restoit donc que ceci à faire ; savoir, de reprendre les *choses* en entier, sous de plus favorables auspices ; par l'institution des sciences, des arts, et de toute la doctrine humaine sur de vrais fondemens. Et, quoique cette entreprise puisse paroître comme infinie et au-dessus des forces humaines ; cependant on ne pourra que la trouver plus solide et plus sage que ce qu'on a fait jusqu'ici ; car la route qu'on a suivie n'a aucune issue. En effet, dans tout ce qu'on a tenté jusqu'ici pour les sciences, il y a une sorte de vertige, une agitation perpétuelle, et l'on s'y meut, comme dans un cercle. Il ne lui a point échappé quelle solitude il trouvera d'abord dans cette carrière, et combien même il sera difficile de vaincre l'incrédulité sur le succès. Cependant il n'a pas cru devoir manquer à la chose ni renoncer à ses propres idées, sans tenter du moins quelque route praticable pour l'esprit humain et s'efforcer d'y entrer; car il vaut mieux donner commencement à une entreprise qui peut avoir quelque issue, que d'employer son étude à des choses qui ne présentent qu'une succession perpétuelle d'efforts inutiles. Entre les routes *actives* et les routes *contemplatives*, il y a cette différence célèbre, que les premières, d'abord raboteuses et difficiles à suivre, aboutissant à un lieu ouvert; au lieu que les dernières, d'abord douces a de facile accès, se terminent dans des lieux sans issue ou des précipices. Or ne pouvant prévoir quand la même idée viendroit à l'esprit de quelque autre, il s'est déterminé à publier ce qu'il a fait dans ce dessein. Il ne se hâte donc point dans des vues ambitieuses; mais dans le but, que si sa vie étoit abrégée, il restât du moins quelque marque du désir qu'il a eu de pouvoir contribuer à l'avantage du genre humain. Toute autre ambition ne pouvoit qu'être inférieure à celle-là, par la nature même de la chose; car où elle n'est rien en soi, ou elle est si grande, qu'il ne doit en chercher d'autre récompense que la satisfaction de l'avoir entreprise ».

On voit dans cette exposition générale de son plan, que BACON avoit deux buts liés l'un à l'autre; l'un de fournir à l'esprit humain des règles qui le conduisissent à bien connoître les *choses*; l'autre, d'arrêter enfin ses excursions superficielles, en lui faisant comprendre, qu'elles demeureroient toujours aussi infructueuses qu'elles l'avoient été jusqu'alors. Voici quelques passages où il entre dans de plus grands détails.

« Une autre erreur procède du grand respect, d'une sorte d'adoration de l'entendement humain, d'où résulte que les hommes se sont éloignés de la contemplation de la nature et de l'expérience, pour se livrer à leurs propres méditations, et tourner et retourner les commentaires de leur esprit. Au reste, ces célèbres *opinionistes*, ou (s'il est permis de s'exprimer ainsi) *ces intellectualistes*, qu'on a coutume de considérer comme des philosophes sublimes, avoient été très-bien définis par HÉRACLITE, en ce peu de mots : « Des hommes qui cherchent la vé-« rité dans leurs microcosme, et non dans le « *monde en grand.* » Ils méprisent l'*alphabet* de la nature, l'*apprentissage* des œuvres de Dieu, tandis qu'en prenant la vraie route, ils pourroient peut-être s'avancer par degrés, de la connoissance des *lettres*, à celle des *syllabes*, et enfin, à la *lecture* même du grand *livre* des créatures. Au lieu de cela, s'agitant du haut de leurs esprits, ils pressent et invoquent leur génie, pour qu'il leur rende des oracles : c'est donc à bon droit, quelque jouissance qu'ils y trouvent, qu'ils sont trompés. (*De augm. scient. L. I.*)

« On ne doit pas permettre à l'entendement de passer d'un saut, ou comme par un vol, des objets particuliers aux principes reculés les plus généraux, qu'on nomme principes des arts et des choses ; de sorte que les regardant comme immuables, il les emploie à prouver et établir des principes intermédiaires ; ce qui a eu lieu jusqu'ici, par la disposition de l'esprit humain à des élans ; disposition qu'ont favorisée depuis long-temps la doctrine et l'habitude des démonstrations par syllogisme. Mais on pourra concevoir quelque espoir de l'avancement des sciences, lorsque, par une vraie *échelle*, formé d'échelons continus et solides, on s'élevera, des objets particuliers à des principes inférieurs, de ceux-ci à des principes intermédiaires, ensuite à des principes plus élevés, et enfin à des principes généraux. Car les principes inférieurs diffèrent peu de l'expérience elle-même; tandis que des principes rendus d'abord très-généraux, ne sont que des notions abstraites sans aucun fondement. Mais les principes intermédiaires sont les vrais principes animés, sur lesquels reposent l'essence des choses et les fortunes des hommes, et sur eux reposent les principes les plus généraux, pourvu qu'ils ne soient pas *abstraits*, mais toujours déterminés par des principes antérieurs.

« Il ne faut donc pas attacher des plumes à l'entendement humain, mais plutôt du plomb, des poids, pour réprimer ses sauts et son vol. On ne l'a pas fait encore; quand on le fera, on aura lieu de mieux espérer de l'avancement des sciences ». (*Nov. org.* Liv. I. Aphor. CIV).

De tous les préceptes de BACON, préceptes dont la force consiste toujours dans l'assentiment de la raison, dès qu'elle les considère attentivement, il n'en est aucun qui ait été plus fréquemment violé, ni qui, en particulier, l'ait été davantage et d'une manière plus nuisible, depuis quinze à vingt ans, que celui qu'on vient de lire. Le défaut qu'il y combat, est la pente de l'esprit humain, et c'est aussi l'un de ceux contre lequel il a le plus travaillé. Mais dans son temps, et même long-temps après lui, les conséquences de cette disposition n'affectoient guère que ceux qu'on nommoit *les savants*, et le mal qui en résultoit ne faisoit ainsi que des progrès lents parmi le reste des hommes : au lieu qu'aujourd'hui, tout le monde voulant *savoir*, les erreurs nées dans les sciences se répandent aussitôt dans la société. De sorte que, par cette précipitation à passer immédiatement des observations ou expériences *particulières* à des *principes généraux*, les *sciences naturelles* continuant à produire des *erreurs*, celles-ci ont suivi l'avancement apparent des premières : parce que le champ de ces sciences s'est considérablement agrandi ; que de tous ses points on est passé *d'un vol* à des *principes généraux*, et que mille échos ont aussitôt répété comme le *langage de la nature*, ce qui n'étoit que le produit de l'*imagination* de quelques hommes.

Ce défaut encore, en produit presque nécessairement un autre, dont la conséquence finale est la même, quant aux jugements sur la *nature*. Dès que les *physiciens* s'habituent à passer *immédiatement* des *objets particuliers* à des *principes généraux*, il ne peut y avoir que de perpétuelles controverses sur ces *principes*, ce qui, chez les hommes peu propres à s'occuper d'observations et d'expériences, fortifie l'opinion, que l'étude des *détails* dans la *nature*, ne sert à rien pour la connoître, et qu'on peut s'en former d'aussi justes idées d'après ce qu'elle offre à tous les regards : croyant ainsi pouvoir être *métaphysiciens*, sans se donner la peine de devenir *physiciens*. Voilà, dis-je, encore, ce qui n'a jamais été plus commun que dans le siècle qui vient de finir ; quoique BACON, voyant déjà régner ce défaut parmi les savants, ne l'eût pas moins dévoilé et combattu que l'autre. Je me bornerai sur ce sujet, à deux passages tirés du même *livre* du *Novum organum.*

« APHOR. CXII. Que personne ne redoute la multitude des objets que nous présentons à l'attention ; car c'est au contraire ce qui doit faire naître l'espérance d'un meilleur état des sciences. D'ailleurs, quand les *phénomènes* de la nature et des arts ont été abstraits et séparés des objets d'après l'évidence, ils se resserrent et se réduisent comme à une poignée pour les conclusions de l'entendement. Cette route a donc une issue et même assez prochaîne, au lieu que l'autre n'en a point, et devient toujours plus embarrassée ; car jusqu'ici les hommes se sont peu arrêtés aux *expériences*, et ne s'en sont occupés que légèrement, tandis qu'au contraire, ils ont consumé beaucoup de temps dans des *méditations* et les *commentaires de leurs esprits.* Suivant nous cependant, s'il existoit enfin quelqu'un qui, interrogé sur les objets de la nature, put toujours répondre par des *faits*, il faudroit peu d'années pour découvrir les *causes*, et fonder toutes les sciences ».

« Aphor. CXIII. Il nous semble que d'après notre propre exemple, on peut espérer de faire des progrès dans cette route ; et nous ne le disons pas par jactance, mais parce qu'il est utile de le représenter. Si quelqu'un en désespéroit, qu'il considère un homme de notre âge, très-occupé d'affaires publiques, ne jouissant pas d'une santé solide (ce qui fait perdre beaucoup de temps ;) un prototype dans cette carrière, n'y suivant les traces de personne, se l'étant frayée sans communication avec qui que ce soit, et cependant, en cherchant à suivre les vraies routes, et soumettant notre génie *aux choses*, nous croyons avoir fait quelque chemin. Que celui

celui qui doute du succès, considère donc ce qu'on pourroit attendre d'hommes ayant du loisir, qui s'associeroient dans leurs travaux, et se succéderoient dans les mêmes routes, non celles qui ne s'ouvrent que pour peu de gens, et où souvent on ne peut les suivre, telles que sont *les routes de l'esprit ;* mais celles où les travaux, surtout quant à *l'observation* et *l'expérience ,* peuvent se distribuer entre un grand nombre, pour se réunir ensuite. Les hommes n'apprendront à connoître leurs forces, qu'en ne se livrant pas tous aux mêmes recherches, mais en se communiquant mutuellement leurs découvertes ».

« Il faut certainement avertir les hommes, leur demander, les supplier même, par l'intérêt qu'ils prennent à leur sort , de soumettre leur esprit à chercher la *science* dans les *phénomènes de l'univers ;* car, quelque usage qu'ils puissent faire de leur *philosophie* ou de leurs *pensées ,* ils ne sauroient en attendre que des fruits bien médiocres, jusqu'à ce qu'une *histoire naturelle et expérimentale ,* faite avec assiduité et exactitude, ne soit rassemblée et complettée. « (Intro-« duction à la Partie III de *l'Historia na-*« *turalis et experimentalis , ad conden-*

*Tome I.*G

« *dam philosophiam : sive phœnomena uni-*
« *versi.* »)

Article VI. *Du scepticisme , et de son remède.*

Le plus grand nombre des *sceptiques ,* (comme il arrive dans toutes les sectes) ne fait que répéter les formules des chefs, avec quelque habitude de les appliquer ; mais aucun ne songe à examiner réellement, si l'on ne peut rien découvrir de *certain* dans les *choses ;* et comment le feroient-ils ? Puisque leurs modèles avoient été incapables, ou ne s'étoient pas souciés de cet examen. A l'égard des *sceptiques* qui avoient précédé le temps de Bacon , il fait voir dans ses ouvrages, l'ignorance où étoient les hommes sur tout ce qui pouvoit autoriser à former une *philosophie* quelconque, et il indique les moyens d'arriver à une *philosophie* réelle. Or, si l'on sonde les *sceptiques* postérieurs, les chefs les plus célèbres comme les derniers de leurs échos, on n'en trouvera pas un qui ait fait usage des moyens fournis par ce grand homme pour arriver à des *vérités.* Les passages suivants montreront ce qu'il pensoit des causes de leur erreur générale.

« La route de ceux qui sont demeurés dans le *scepticisme* (*acatalepsia*) et la nôtre, se suivent en quelque sorte à l'entrée ; mais elles divergent ensuite immensément. Les *sceptiques* affirment, et cela définitivement, que *nous ne pouvons rien savoir :* pour nous, nous disons que *les hommes ne peuvent encore connoître que bien peu de la nature , à cause de la route qu'on y a suivie jusqu'ici.* Les *sceptiques* refusent toute autorité aux *sens* et à l'*entendement ;* quant à nous, nous leur cherchons et leur fournissons des *aides.* (*Nov. org.* L. I. Aphor. XXXVII.)

« Peut-être paroîtra-t-il à quelqu'un, que notre retenue à prononcer, à poser des principes fixes, jusqu'à ce qu'on y soit parvenu légitimement par des degrés continus, est une suspension de jugement qui tend au *scepticisme ;* mais bien loin delà, nous tendons à la *certitude.* Nous n'allons point contre ce qu'indiquent les sens, nous les aidons ; nous ne méprisons point l'entendement, nous le dirigeons. Il vaut bien mieux apprendre les choses nécessaires, sans croire tout savoir, que d'imaginer que l'on connoît tout, et ignorer les choses nécessaires ». (*Ibid.* Aphor. CXXVI.)

Parlant de quelques anciens philosophes.

« Ils se sont hâtés d'établir des principes dans les sciences, autour desquels ils pussent circuler sans danger de chute ; ignorant que celui qui veut trop tôt fixer quelque chose de *certain*, finira par le *doute ;* au lieu que celui qui sait réprimer son jugement, parviendra enfin à des choses *certaines.* » (*De augm. scient.* L. V, chap. IV.)

« Il a pensé, (dit-il de lui-même dans ses *cogitata et visa*, pensée 18) « Il a pensé, qu'après avoir excité le désir de l'étude, et fait naître l'espérance, il devoit s'occuper des moyens de succès. A ce sujet, voici ce qui lui a paru généralement, et qu'il a cru pouvoir renfermer dans des préceptes simples et clairs. Il lui a paru : qu'il falloit certainement opérer très-différemment de ce qu'on avoit fait jusqu'ici, et qu'après avoir manifesté les erreurs des choses passées, il falloit attendre nos oracles des choses futures. Il lui a paru : qu'autant qu'il étoit possible, par la sévérité et la constance de notre esprit, nous devions entièrement écarter les *théories* et les *opinions* formées jusqu'ici ; afin de rendre l'*entendement* comme une *table rase ;* puis recommencer à considérer les objets dès leurs premiers détails ».

Cette libération de l'entendement, asservi par les *notions fausses* qui s'étoient accumulées parmi les hommes, durant le temps où l'on ne suivoit aucune route certaine dans l'étude de la nature, est l'un des points sur lesquels BACON insiste le plus ; et son morceau sur les *idoles*, symbole expressif sous lequel il désigne ces *notions* séductrices auxquelles les hommes encensent, les présente sous un point de vue très-frappant. On a vu GASSENDI faire mention avec de grands éloges de cette vive critique de l'esprit humain ; mais les *encyclopédistes*, quoique entreprenant la définition générale des travaux de notre philosophe, ne s'arrêtèrent pas à ce trait-là, parce qu'ils avoient des *idoles* favorites qui s'y seroient trouvées trop à découvert. Je ne crains pas de rappeler ici à mes lecteurs ces leçons de notre premier guide en philosophie, parce que si j'y ai manqué, je suis bien aise qu'on le découvre.

ARTICLE VII. *Des notions fausses, ou IDOLES de l'entendement.*

C'est dès l'entrée de tous ses ouvrages ; c'est au début de l'*Instauratio magna* (dis-

tributio operis , Pars II ,) que BACON commença de dénoncer sous le nom d'*idoles ,* les *notions fausses* qui , obsédant l'entendement humain , s'opposent à l'accès des connoissances qu'il pourroit acquérir ; si , exempt de préjugés , il étoit libre de voir les choses telles qu'elles sont en elles-mêmes ; et qu'il se proposa de le délivrer , ou garantir de cet asservissement.

« Les *idoles ,* (dit-il) dont l'esprit humain est obsédé , sont ou *adventives* ou *innées.* Les idoles *adventives* sont entrées dans les esprits , ou par les opinions des diverses sectes de philosophes , ou par les méthodes défectueuses de démonstrations. Quant aux idoles *innées ;* elles tiennent à la nature de l'entendement humain , qui paroît beaucoup plus sujet à l'erreur que les sens. Car , quelque satisfaits que les hommes soient d'eux-mêmes ; et quoique leur admiration de l'esprit humain puisse aller presque à l'adoration , il n'en est pas moins semblable à un miroir à surface inégale , qui change les rayons et les contours des objets ; de sorte que lorsqu'il reçoit les impressions des sens , et qu'il en forme et détermine ses notions , il est sujet à *insérer* et *méler* ce qui procède de *sa nature*, à la *nature des choses elles-mêmes.*

„ Il est bien difficile de délivrer l'esprit des *idoles* de la première classe, et il ne sauroit l'être de celles de la dernière : il ne reste donc qu'à les indiquer, et à dévoiler cette forme insidieuse de l'esprit humain; de peur qu'en se contentant d'arracher les vieux bourgeons d'erreur, la même disposition vicieuse de l'entendement ne permette qu'il en naisse de nouveaux, et qu'au lieu de l'extirpation, tout se réduise au changement des erreurs ; mais que plutôt ceci soit déterminé et fixé pour toujours; que l'entendement ne doit juger des choses que par *induction*, en employant ce moyen sous sa forme légitime. Cette doctrine relative à la correction de *l'entendement*, pour qu'il devienne propre à saisir la vérité, exige trois censures différentes : la censure des *philosophies*, la censure des *méthodes de démonstration*, et la censure de *la raison humaine.* Quand ces censures auront produit leur effet, on pourra ainsi distinguer sûrement *dans les choses*, ce qui appartient *à leur nature*, et ce qui procède de la *nature de l'esprit;* et nous croirons avoir produit ainsi, entre *l'esprit de l'homme* et *l'Univers*, une sorte d'union conjugale, sous les auspices de la bonté divine, et notre épithalame exprimera nos vœux, pour que de cette union puissent naître des aides à l'humanité, et une lignée de découvertes, qui subvienne jusqu'à un certain point à l'indigence et aux misères humaines ». Voilà ce qu'il a exécuté avec beaucoup de soin et de détails dans ses ouvrages fondamentaux : M. KANT ne les a pas étudiés, puisqu'il fait de l'*entendement humain* une sorte d'*hermaphrodite*, qui engendre son *Univers*.

Dès le premier de ses ouvrages, *de Dignitate et augmentis Scientiarum*, au livre V, chapitre IV, traitant de l'*Art de juger*, BACON dénonce les divers genres d'*idoles* de l'entendement ; mais il y revient avec plus de détails au livre I du *Novum Organum*, d'où je vais en tirer le tableau.

» APHOR. XXXVIII. Les *idoles* ou *notions fausses* qui se sont emparées de l'entendement humain, et s'y trouvent profondément logées, l'obsèdent tellement, qu'elles n'y rendront pas seulement l'accès très-difficile à la vérité dans la restauration des sciences ; mais que si elles lui en permettent l'entrée, elles n'en traverseront, n'en molesteront pas moins son avancement, à moins qu'étant dénoncées aux hommes, ils ne se prémunissent contre leurs déceptions.

» Aphor. XXXIX. Ces *idoles* dont l'esprit humain est obsédé, sont de quatre sortes, et pour les distinguer, nous les nommerons : *Idoles de tribu, idoles de l'antre* (ou de l'individu), *idoles de commerce, idoles du théâtre (idola tribus, idola specus, idola fori, idola theatri.)*

Aphor. XL. L'attention à ne former aucune notion ni principe que par une vraie *induction*, est en général le moyen de harceler et chasser ces *idoles :* cependant il est très-utile de les désigner suivant leurs classes ; car cette doctrine concernant les *idoles*, est, quant à l'*interprétation* de la *nature*, ce qu'est la doctrine des *indices des sophismes (Elenchi)* à l'égard de la *dialectique* ordinaire.

» Aphor. XLI. Les *idoles de tribu* ont leur base dans la nature de l'homme ; elles sont comme propres à la *tribu humaine*. Car on se trompe lorsqu'on soutient que les *sens* sont la mesure des *choses :* toutes les perceptions, au contraire, tant des sens que de l'esprit, ont quelqu'analogie avec l'*homme*, et non directement avec l'*Univers ;* l'entendement humain étant, à l'égard des choses, comme un miroir à surface inégale à l'égard des rayons; il mêle sa nature à celle des choses, et c'est ainsi qu'il les *déforme* souvent et les altère.

APHOR. XLII. Les *idoles de l'antre* sont celles de chaque homme; car tout homme, outre les aberrations provenantes de la nature humaine, a, comme un *antre*, une sorte de réduit individuel où se rompt et s'altère la lumière de la nature, soit par quelque disposition personnelle, soit à cause de son éducation, de ses conversations ordinaires, de ses lectures, ou de l'autorité de ceux qu'il admire et à qui il s'est livré; ou encore, par la différence des impressions qu'il a reçues des objets, suivant qu'elles se sont faites, ou dans un esprit préoccupé et prédisposé, ou dans un esprit libre et tranquille, et autres choses pareilles. En sorte que, par ces dispositions des individus, *l'esprit humain* ne peut point être considéré comme une chose fixe et précise; elle est variable, confuse et comme fortuite. (*) HÉRACLITE avoit raison de dire:

____

(*) Cette remarque est aussi importante que vraie, et elle s'élève en particulier contre ceux qui veulent s'en rapporter à la *raison* pour fixer les *devoirs* des hommes.

« Les hommes cherchent les *sciences* dans
« leurs *petits mondes* particuliers, et non
« dans le *monde* commun à tous ».

» APHOR. XLIII. D'autres *idoles* sont particulières à certains lieux ; naissant du *commerce* et association d'un certain nombre
d'hommes, qui ont en commun certaines notions ; c'est pourquoi nous les nommons *idoles
de commerce (idola fori)*. Car les hommes
s'associent par la parole ; et employant les
mots dans une acception d'usage entr'eux, si
ces acceptions sont mauvaises ou arbitraires,
elles offusquent l'entendement de diverses
manières surprenantes : et à l'égard de plusieurs, tout le soin qu'ont pris des savants de
se garantir ou défendre de leur influence, par
des définitions ou explications, n'a point ré-
tabli les choses; parce que les *mots* ont un tel
pouvoir sur l'esprit, qu'ils y troublent tout,
et entraînent les hommes dans une multitude
de controverses et de différents commentaires.

» APHOR. XLIV. Enfin il y a des *idoles*
qui sont entrées dans les esprits des hommes,
tant par la diversité des doctrines des philosophes, que par les méthodes vicieuses de
démonstration. Nous nommons celles-ci *idoles*

du théâtre ; parce que nous considérons les diverses espèces de *philosophies* jusqu'ici inventées et successivement reçues, comme autant de *fables* qui ont été mises tour-à-tour sur la scène, et y ont représenté des *mondes imaginaires.* Et ce n'est pas seulement des *fables* passées ou présentes que nous parlons ici ; puisque plusieurs autres de même genre peuvent aussi se fabriquer à l'avenir. Car des erreurs très-différentes peuvent néanmoins avoir les mêmes causes. Et nous ne parlons pas seulement des systèmes de *philosophie,* mais des *principes* et *axiomes* qui existent dans plusieurs sciences, par tradition, confiance ou négligence ; mais nous allons traiter plus en détail de ces différents genres d'*idoles,* pour tâcher d'en garantir l'esprit humain....» Il continue donc ce sujet, et donne des exemples.

BAKER (au rapport de l'auteur du *Recueil de Paris*) quoique grand admirateur de BACON, pensoit ; qu'en critiquant la logique commune comme trop chargée de mots, il étoit tombé dans le même défaut ; et il citoit entr'autres, pour exemples, les *idola tribus, idola specus , idola fori, idola theatri,* disant ; que c'étoient de grands mots pour désigner des choses *très-communes* : cela est vrai, et même si *communes* qu'on n'y songeoit point. Or quand il est question de défauts si invétérés que les hommes ne les aperçoivent plus, on ne sauroit employer trop de moyens pour réveiller leur attention ; et la métaphore a quelquefois ce pouvoir, comme présentant les objets sous un point de vue nouveau et inattendu : celle d'*idoles* étoit de ce genre, comme étant capable d'éveiller chez les hommes un sentiment qui leur est naturel, celui de n'aimer pas à être *dupes* ; de sorte qu'elle pouvoit engager bien des gens à examiner s'ils n'étoient point *dupes* de quelqu'une de ces *idoles* ; car elles ont un grand pouvoir d'illusion. (*)

Bacon, nous venons de le voir, parloit aussi de l'*avenir*, en dénonçant ces défauts de l'esprit humain. Or ne reconnoît-on pas un

____

(*) Le traducteur françois, (tome IV, p. 103) met aussi en note à l'*Aphor XXXVIII* : « J'ai ren- « contré des gens de lettres, de talents assez distin- « gués, qui s'extasioient devant cette nomenclature, « qui nous paroît de mauvais goût, et de plus très- « inutile ; car nous ne voyons pas bien nettement, « à quoi elle peut aider à *interpréter* et *imiter* la na-

idolum specus dans cette rêverie de l'*idéalisme*, qui, changeant l'individu en un *microcosme*, ne laisse aucun *monde* hors de lui-même ; de sorte qu'il doit croire ne s'entretenir qu'avec *lui seul*, soit qu'il *enseigne* de vive voix, ou qu'il publie des *livres* ? N'est-ce pas un autre *idolum specus* que ce *semi-idéalisme* qui, plaçant dans l'entendement humain le *temps* et *l'espace*, et les relations de *cause à effet*, ne laisse pour *monde* extérieur à l'homme qu'une *chose inconcevable* ? La vogue encore qu'ont eu ces rêveries ne rappelle-t-elle pas les *idola fori* ; et la multiplication qui en résulte des *idola theatri* ne maintient-elle pas le *scepticisme* ?

Telles devoient être les suites de la funeste époque de *l'encyclopédie* : ses auteurs n'ayant exalté BACON que comme des usurpateurs qui éleveroient un mausolée à celui dont ils auroient saisi le pouvoir, faisoient rétrograder

---

« ture ». Il ne voyoit pas, parce qu'un *idolam fori* l'en empêchoit : car si, d'après les développements de BACON sur son genre, il eût chassé cette *idole*, il n'auroit pas pris pour une vraie *interprétation* de la nature, des forces *attractives* et *répulsives*, comme produisant les *mouvements* de l'univers, et y maintenant l'*équilibre*. C'est à quoi je reviendrai ailleurs.

la *philosophie* au point où elle se trouvoit de son temps ; mais quelle différence pour l'époque ! Je l'ai déjà dit, au temps de Bacon, les spéculations fantastiques ne circuloient guère qu'entre les spéculateurs eux-mêmes ; la plus grande partie des autres hommes, continuant d'accorder leur confiance aux instructions directes du Créateur sur le monde et son origine, ne s'occupoient guère des idées des philosophes, auxquelles en effet Dieu ne les avoit pas abandonnés. Le but de Bacon étoit de les conserver dans cet état, et ce fut principalement ce qu'on s'efforça d'écarter au temps de l'*encyclopédie*. C'est pourquoi, avant que d'entrer en détail avec ce grand homme dans les routes qu'il nous a ouvertes pour arriver à des connoissances réelles sur la nature, je donnerai quelques exemples du soin qu'il prenoit chemin faisant pour que les hommes ne se persuadassent pas qu'ils auroient pû, par leurs propres lumières, se passer d'une *révélation*.

SECTION II.

Distinction toujours maintenue par BACON, entre les instructions que les hommes ont reçues de la Divinité, et les connoissances qu'ils peuvent acquérir par eux-mêmes.

A la suite de ses grands ouvrages, et pour résumer ce qu'il y avoit exposé sur la vraie méthode de consulter la nature, BACON présente dans sa fiction de la *Nouvelle Atlantide* (*Novus Atlas*), le plan d'une institution académique, dans laquelle ses préceptes se trouvent mis en action. Ici, rien ne le conduisoit à parler du *christianisme* : plaçant la scène dans un pays imaginaire, la *religion* du peuple étoit indifférente aux *sciences*, qui étoient son objet; si donc il n'en eût fait mention dans ses autres ouvrages que pour *ménager un préjugé*, comme l'insinue D'A-LEMBERT dans son éloge, il ne lui seroit pas venu à l'esprit d'en parler à cette occasion, et moins encore de la manière dont il le fait. Mais la *révélation* étoit l'objet vers lequel il dirigeoit toutes ses pensées; convaincu que les hommes en avoient tiré leurs premières instructions,

instructions, et qu'ils devoient les conserver pour leur bonheur. C'est ce qu'on peut remarquer ici, par le plaisir qu'il prend à présenter, sous l'emblème d'un peuple vraiment chrétien, le tableau de la confiance mutuelle, première source de bonheur social, qui régneroit entre les hommes, s'ils restoient fidèles à la foi. Je donnerai d'abord une esquisse de cette première et plus grande partie de l'ouvrage, dont BACON a fait une introduction nécessaire à son plan d'une *Académie des Sciences*, auquel je viendrai dans ses propres termes.

Des navigateurs, long-temps entraînés par les courants et les vents contraires, avoient tellement perdu leur route, qu'ils ne savoient plus dans quelle mer ils étoient, en même temps que leurs provisions se trouvant consommées, ils étoient prêts à mourir de faim, lorsqu'enfin ils virent terre. C'étoit une fort grande île ; peut-être cette *Atlantide* dont un prêtre égyptien avoit parlé à PLATON, ou quelqu'autre île aussi ignorée, que, par ce rapport de circonstance, ils nommèrent *Nouvelle Atlantide*.

Quand le vaisseau fut près de l'île, on en vit partir un canot, qui s'approcha jusqu'à la

portée de la voix, et s'y arrêta. Le principal
personnage du canot essaya d'abord, par plusieurs langues, de se faire entendre, et l'es-
pagnol se trouva celle dans laquelle on parle-
menta. Ayant appris ainsi qu'ils manquoient
de vivres, le personnage ne balança pas à leur
en promettre ; mais étant ensuite informé
qu'ils avoient à bord beaucoup de malades à
qui il seroit nécessaire d'aller à terre, tout en
leur exprimant sa compassion de leur état, il
témoigna d'abord beaucoup de répugnance à
les admettre dans l'île. Cependant il s'approcha, entra en conversation avec eux, et appre-
nant qu'ils étoient *chrétiens*, comme les habitants de l'île, il en témoigna de la satisfaction,
mais il ne se livra pas d'abord à la confiance,
et il continua cet entretien pour tâcher de
découvrir, d'après quelque trait caractéristique, si ces gens-là étoient *chrétiens* plus
que de nom ; s'ils étoient pénétrés des devoirs qu'impose le christianisme, et en particulier, si l'on pouvoit compter sur ce qu'ils
promettroient par serment. Les circonstances
ayant favorisé cet éclaircissement préliminaire, le personnage leur proposa les conditions auxquelles ils seroient admis dans l'île :
ils demeureroient quelque temps hors de la

ville, dans un hospice, où on les pourvoiroit
de tout, et où quelques personnes choisies les
visiteroient : ils ne pousseroient pas leur curiosité au-delà de ce qu'on voudroit leur
apprendre, à mesure que plus de connoissance de leur caractère feroit naître une plus
grande confiance en eux : après le temps nécessaire pour le rétablissement de leurs malades, leur séjour ne pourroit être prolongé
sans une nouvelle permission : enfin, ils s'en-
gageroient par serment, que dans quelque
temps qu'ils quittassent l'île, ils garderoient
le secret sur le lieu où elle se trouvoit. Ces
conditions ayant été acceptées, les étrangers
débarquèrent, et furent traités avec autant de
désintéressement que de soin : ils obtinrent
ensuite une prolongation de séjour; ils con-
tractèrent des relations avec quelques-uns des
principaux habitants de la capitale, et ils re-
çurent d'eux des informations sur divers sujets qui composent le reste de l'ouvrage.

Quant à l'origine de ce peuple, les étrangers apprirent, que, d'après leurs traditions,
ils descendoient d'ABRAHAM; mais ce qu'ils
eurent lieu de savoir avec certitude, c'est que
long-temps avant la venue de Jésus-Christ,
ces insulaires avoient eu connoissance des

révélations de Dieu aux premiers hommes ; et que dès le premier siècle du christianisme, une collection de ses documents, tant de l'Ancien Testament que du Nouveau, leur avoit été transmise d'une manière miraculeuse. Ils avoient embrassé l'évangile avec une entière foi, soit à cause du miracle qui accompagna sa promulgation parmi eux, soit parce qu'ils y reconnurent l'accomplissement des prophéties de l'ancienne alliance ; de sorte qu'ils résolurent d'obéir à ses lois, et de les transmettre fidèlement à leur postérité, avec l'histoire de leur promulgation.

L'influence inévitable de la vraie foi chrétienne se montre en action chez ce peuple. Le gouvernement est monarchique : on informe les étrangers, que toutes les institutions politiques et civiles, comme les relations sociales et les mœurs de la nation sont respectées et fidèlement maintenues ; d'où résulte le tableau d'un peuple aussi heureux que les hommes puissent l'être sur la terre ; et ce bonheur est même une des causes par lesquelles il a réussi à se faire ignorer. Ils avoient été navigateurs ; mais d'après la connoissance qu'ils avoient ainsi acquise des autres nations, dont les unes continuoient d'être dans l'ignorance de la vraie religion; les autres, plus malheureuses encore, avoient la connoissance pure des instructions de Dieu lui-même sur l'origine et la destination de l'homme, sans que chez un grand nombre d'individus elle eût pû vaincre les passions de l'esprit et du cœur; ils s'étoient déterminés à exécuter complétement ce que les Chinois ne font qu'en partie, en se séparant des autres nations, et se faisant oublier; mais en se ménageant les moyens de connoître, tant ce qui se passoit chez elles (dont ils se montroient très-instruits), que ce qui s'y découvroit et inventoit d'utile. Pour cet effet, ils avoient toujours parmi eux un nombre de bons navigateurs, qui, possédant fort bien les langues et les usages des autres peuples, pouvoient les visiter sans donner du soupçon. Il partoit pour cet effet deux vaisseaux tous les deux ans, qui prenoient les noms de quelque nation connue, pour aller aborder tour-à-tour dans les autres parties du monde, d'où ils rapportoient des informations de tout ce qui s'y passoit de nouveau dans les sciences, les arts, et les usages de la vie. Et quant aux étrangers qui, par des accidents semblables à celui qui y avoit conduit ceux-là; quoiqu'ils eussent eu la liberté d'en repartir aux mêmes conditions, le bonheur dont ils y avoient été témoins, les y avoient retenus; tellement que leurs annales ne faisoient mention que de treize qui, en différents temps, avoient désiré de retourner dans leur patrie, où ils avoient été transportés par les vaisseaux de l'île.

A cette partie de la fiction, où l'on sent partout que BACON parle le langage du cœur, succède celle des institutions pour les sciences : là, il avoit montré sa foi en la *révélation*, en la posant pour base du bonheur des hommes; ici, il la prend pour règle, quant au but qu'ils doivent avoir dans leurs études de la nature. Il regardoit avec raison la *Genèse* comme le premier fondement des idées des hommes sur l'origine de l'Univers, et il transmettoit ce principe au peuple de la *Nouvelle Atlantide*. Certain que Dieu a *créé le monde*, l'institution de ce peuple pour l'avancement de la nature, n'avoit pour objet que le *monde créé*, et cela sous l'expression caractéristique d'*œuvre de six jours*; c'étoit la dénomination de cette académie, avec celle de *Maison de Salomon*, parce que l'écriture sainte nous apprend que ce sage et religieux monarque s'étoit profondément occupé de *l'étude des créatures*. BACON auroit-il présenté sous ce point de vue un établissement fictif pour l'étude des sciences naturelles, sans son entière conviction qu'en donnant aux hommes des facultés pour étudier la nature, Dieu s'étoit *révélé* à eux comme son auteur? Je tracerai en abrégé cette institution, parce qu'on y retrouvera plusieurs des préceptes généraux déjà rapportés, et qu'on y verra par anticipation, les grands traits de la marche que j'exposerai ensuite.

Ce fut l'un des associés de la *Maison de Salomon* qui se chargea de faire connoître aux étrangers le but et le plan de cet établissement. « Le but (leur dit-il) est la recherche « des *causes* et des *mouvements* dans la na- « ture; des *facultés intérieures* des *choses*, « et des *limites* du *pouvoir de l'homme*. » Les atteliers et les assemblages de matériaux dans ce but, maintenus aux frais publics pour que la grandeur des entreprises utiles ne les arrêtât pas, étoient immenses. Les collections des objets d'histoire naturelle dans les trois règnes, déjà très-considérables, se continuoient assidûment; et, au moyen de l'ordre dans lequel ces objets étoient rangés, ils s'éclairoient les uns les autres, par des rapports de ressemblance extérieure ou de propriétés. Les atteliers destinés aux différents arts et à toutes les classes d'expériences, ainsi que les divers observatoires, étoient fournis de tous les instruments et de tous les matériaux nécessaires, pour que rien n'arrêtât dans la marche des inventions et des recherches. Destinés à concourir à un même plan, ces établissements s'aidoient les uns les autres, et l'on y ajoutoit toujours ce que les expériences déjà faites ou de nouvelles idées pouvoient suggérer d'utile. Tous les sites aussi étoient adaptés aux différentes expériences et observations dans l'intérieur de la terre, à sa surface et sur des lieux élevés; dans l'obscurité ou à la grande lumière; en des lieux humides et secs. En un mot, la nature étoit consultée, pressée, sollicitée par tous les moyens que le génie et les connoissances déjà acquises pouvoient suggérer, pour lui faire manifester les *causes* qui y opèrent.

C'est sous cet emblème que Bacon, cherchant à percer le voile de l'avenir, *anticipe* sous des formes générales ce qu'il croyoit possible par les routes qu'il avoit tracées, et c'est dans le récit de cet associé de *la Maison de Salomon* que ces idées se présentent ; parce qu'en décrivant les divers atteliers et observatoires, il indique en termes généraux les progrès des découvertes sur les divers objets de cet établissement. BACON désigne ainsi comme déjà obtenues, des connoissances qui ont été en effet acquises depuis, et d'autres qui sont encore à espérer ; mais il en suppose aussi que nous n'avons pas lieu d'attendre, ce que l'obscurité qui régnoit de son temps sur presque tous les objets ne lui permettoit pas d'apercevoir : surtout il ne pouvoit juger encore si quelques objets généraux ou particuliers que nous observons sur la terre, n'ont pas dépendu pour leur production, de certains arrangements de circonstances dans lesquelles les mêmes *causes* avoient produit certains effets, qui ne peuvent se renouveler, parce que les mêmes circonstances n'existent plus. La *géologie*, ce point central pour nous de tout ce qui concerne l'Univers, auquel sont venues aboutir toutes les connoissances acquises sur la nature, n'existoit point encore ; de sorte que BACON occupoit ses académiciens de certaines recherches d'opérations dans l'intérieur de la terre, qui ne s'y passent plus ; mais il travailloit à faire naître cette science, comme on le verra dans la suite.

C'est dans la distribution des fonctions entre les associés de ce beau modèle d'*Académie des Sciences*, que Bacon exprime, par ses grands traits, la marche qu'on devroit suivre dans l'étude de la nature; et voici la désignation qu'en donne celui qui informa les étrangers.

« Quant aux fonctions particulières de nos associés, nous en avons d'abord douze, destinés à voyager dans les contrées étrangères, sous le nom de quelqu'autre nation (car nous ne faisons point connoître notre terre); ils nous en rapportent des livres, des matériaux, des modèles, des descriptions d'expériences. Nous nommons ceux-ci des *pourvoyeurs de lumière (Mercatores lucis.)*

« Nous en avons trois qui *pillent* en quelque sorte les expériences mentionnées dans les livres; ce sont nos *pirates (Depprædatores.)*

« Trois rassemblent toutes celles de ces expériences qui concernent les arts mécaniques, les arts libéraux et la pratique; mais qui se trouvent encore isolées et sans liaison avec la masse des arts : nous les nommons *chasseurs (Venatores.)*

« Trois s'occupent de nouvelles expériences, suivant leurs propres idées : nous les nommons *mineurs (Fossores, sive operatores in mineris.)*

« Trois s'occupent à distribuer les expériences précédentes dans des tables, sous des titres qui aident l'entendement à embrasser leur ensemble, pour en déduire des *conclusions générales d'observation*, ou des *prinsipes* : nous les nommons *distributeurs (Divisores.)*

« Trois ont la charge d'examiner ces expériences, pour en tirer les *inventions* qu'elles peuvent leur suggérer, soit pour la pratique, soit principalement pour aider les sciences par de nouveaux *moyens*, ou par la manifestation de quelque *cause*, afin d'en déduire, ou des *prédictions* naturelles, ou des lumières sûres quant aux *particules constituantes* des corps et à leurs propriétés : nous les nommons *ceux qui font éclore (Evergetas.)*

« Après plusieurs conférences de tous les associés, dans lesquelles les travaux et les rassemblements faits par les classes précédentes étant soumis à un profond examen,

donnent lieu à chacun de méditer et de manifester ses idées, trois autres ont la charge
d'inventer et de diriger de nouvelles expériences d'après cet ensemble de faits et de
remarques ; expériences qui doivent avoir
pour but, de pénétrer plus avant dans la nature, ou d'y répandre la lumière de plus
haut. Nous nommons ceux-ci les *flambeaux
(Lampadas.)*

« Trois sont occupés à exécuter ces nouvelles expériences, dont ils rapportent les
résultats à la société ; nous les nommons
greffeurs (Insitores.)

« Enfin, nous en avons trois, qui, après
avoir communiqué leurs remarques et leurs
idées à tous les associés assemblés, et s'en être
entretenus avec eux, profitant de leurs réflexions, déduisent de tout cet ensemble des
observations générales, des *principes* ou des
aphorismes concernant la *nature des choses.*
Nous nommons ceux-ci les *interprètes de la
nature (Interpretes naturæ.)* »

Plus on a étudié la marche qu'ont suivies
les découvertes réelles depuis Bacon, plus
on reconnoît par ce court tableau, qu'il avoit
dans son esprit la seule marche qui pût y conduire : peu de gens l'ont suivie à dessein, et

c'est pour cela que les succès ont été lents; mais par le fait, tous les succès réels en sont résultés. Les talents des hommes et leurs dispositions diffèrent beaucoup. Les uns saisissent promptement les nouveaux objets; et le penchant de l'étude se portant toujours vers ce que l'esprit saisit avec le plus de facilité, ceux-ci rassemblent les matériaux de *l'histoire naturelle*, les arrangent, les distribuent en classes, genres, espèces; mais très-occupés de cet extérieur des choses par son immensité, ils ne sauroient en même temps accorder une attention profonde aux recherches de ceux qui, par *l'expérience*, tâchent d'imiter quelques opérations de la nature. La *physique expérimentale*, d'un autre côté, n'est pas un champ moins vaste; et ceux qui aiment à voir des *effets* résulter de *causes prochaines*, de certaines *manipulations*, se laissent facilement entraîner à cette classe de recherches, qui est sans fin dans presque toutes ses branches. Ceux-ci aimant à *produire*, sont toujours dans l'attelier, le laboratoire; ils se retirent rarement dans le cabinet pour méditer sur l'ensemble des *produits* présents ou passés des *causes libres*. Il faut donc des *divisores*, des *evergetas*, *lam-*

padas, *insitores*, pour produire enfin des *in-terpretes naturæ* ; mais souvent on voit prendre ce titre à de simples *mercatores lucis*, *deprædatores*, *venatores*, *fossores* ; et voilà pourquoi les vrais *interprètes de la nature* sont si rares et si peu écoutés.

Ce que Bacon offre dans cet emblème de la réunion des divers talents pour un même but, il le recommande fréquemment dans ses ouvrages, ce dont on a déjà vu un exemple ci-devant : mais quel but nous présente-t-il pour produire ce grand effet ? Ah ! c'est-là ce qu'on oublie ! *Hinc illæ lacrymæ* ! Le but qu'il assigne aux *associés* de la *Maison de Salomon* est si supérieur à toutes les considérations humaines, à l'amour propre, la vanité, l'ambition, la jalousie, le lucre, que rien ne traverse le concours de ces associés dans les mêmes vues : le succès de chacun est le succès de tous; ils veulent remonter, par les *créatures*, au Créateur; non arbitrairement, non par les seules forces de leur intelligences; mais en suivant la marche qu'il a lui-même tracée dans sa *révélation* : c'est *l'œuvre des six jours* qu'ils veulent étudier. — Et c'est-là l'homme «qui étoit retenu par

« quelque *chaîne* qu'il ne *pouvoit* ou *n'osoit*
« rompre ! »

Je ne dois pas quitter ce contraste des idées
de BACON avec celles qu'une classe de gens
de lettres lui ont attribuées ; cette subordina-
tion sur laquelle il insiste toujours, des connoissances que les hommes peuvent acquérir
par eux-mêmes, à celles qu'ils ont immédiatement reçues de la Divinité, sans la fixer par
quelques autres traits ; et le premier objet qui
frappe à cet égard, est la conformité des
sentiments mis en action dans la *Nouvelle
Atlantide*, avec ceux qu'il exprimoit dans
deux lettres, adressées comme *chancelier* à
l'université de *Cambridge*, conservées avec
nombre d'autres dans la grande collection de
ses œuvres, et qui se trouvent en note dans le
Recueil de Paris, p. V du *Discours préliminaire.*

« Je m'acquitte mes fils » (FILII, dit - il
dans une de ces lettres) ; « je m'acquitte au-
« tant qu'il est possible de mon devoir en-
« vers vous ; et je le fais en vous exhortant à
« la même conduite que je tiens moi-même :
« c'est que vous vous appliquiez fortement à
« l'avancement des sciences ; et qu'avec la
« modestie de l'esprit, vous conserviez la

« liberté de l'entendement, sans vous repo-
« ser trop sur les anciens. Ne doutez pas que
« la grâce divine ne vous aide et ne vous
« éclaire, si soumettant, avec humilité de
« cœur, la *philosophie* à la *religion*, vous em-
« ployez légitimement et habilement les clefs
« des sens, et qu'écartant tout esprit de con-
« troverse, chacun de vous ne dispute avec
« les autres, que comme il disputeroit avec
« soi-même. »

Dans une autre lettre, et après de semblables exhortations, il ajoute : « De sorte
« qu'après les *volumes sacrés* de la *parole*
« *de Dieu*, l'Écriture Sainte, vous placiez
« au second rang le *grand volume* des *œuvres*
« *de Dieu*, les créatures, pour l'étudier assi-
« dûment, et par préférence aux autres
« *livres*, que vous ne devez regarder que
« comme ses commentaires. »

Le même conseil, avec son motif, est répété dans la Partie VII de ses *Impetus philosophici*, sous le titre, d'*Aphorismi et consilia de auxiliis mentis*, *et accensione luminis
naturalis*. Chap. I, art. XII. « Je vous con-
« seille enfin (dit-il) et ce doit être même
« votre première attention ; qu'avec un esprit
« éclairé et prudent, vous distinguiez toujours

« jours les *choses divines* d'avec *les choses*
« *naturelles.* On n'a que trop erré dans cette
« route ; car nous ne pouvons rien apprendre
« ici-bas que par la *ressemblance* des choses ;
« et celles qui paroissent dissemblables , ont
« pourtant leur ressemblance , comme pro-
« venant de même source, connue de l'inter-
« prète. Or Dieu seul étant absolument sem-
« blable à lui-même, n'attendez pas d'acqué-
« rir une connoissance suffisante de cet être
« par les lumières de la nature : *Donnez à*
« *la foi , ce qui appartient à la foi* ».

BACON exprime ici en peu de mots, ce
qui est le principe de tout son plan. On a
déjà vu, qu'il ne connoissoit aucune route
certaine , même raisonnable, pour arriver à
une *philosophie* réelle , que l'*induction* légitime des *faits* directs , sans que les *conclu-*
sions s'écartent de la nature des *choses.* Or
Dieu n'étant absolument *semblable* qu'à lui-
même , nulle *induction* des choses sensibles
ne peut nous en fournir une idée. C'est-là
un principe très-important, qui se dévelop-
pera de plus en plus , tant immédiatement
par BACON lui-même , que d'après les progrès des lumières acquises sur les routes qu'il
nous a tracées.

Tome I.   I

Tel est donc le point de vue sous lequel la séparation des *vérités révélées* d'avec les *connoissances naturelles*, règne dans tous les ouvrages de ce vrai philosophe. On vient de voir, qu'après ses longs travaux, il en fit la base de son Eutopie dans la *Nouvelle Atlantide*, et que dans ses divers *conseils*, il insiste sur le même point : or il avoit ainsi commencé son immortel ouvrage *de la dignité et accroissement des sciences*, où l'on trouve ceci, vers le commencement du livre Ier.

« La censure de Salomon contre l'excès de lire et écrire, et le *tourment d'esprit* qui naît de la science ; de même que cette admonition de Saint Paul : *ne vous laissez pas séduire par une vaine philosophie*, si on les examine bien, montre clairement les vraies barrières qui doivent circonscrire la *science humaine*, sans néanmoins qu'elle cesse d'embrasser librement toute la nature. La *science humaine* doit être limitée à trois égards : le premier, que nous ne devons pas tellement placer notre bonheur dans la *science*, que nous oublions la *mort* ; le second, qu'on ne doit pas traiter la *science* de manière qu'elle produise le *tourment*, au lieu de la tranquillité de l'esprit ; le troisième, que nous ne

devons point penser que , par la contemplation de la *nature*, nous puissions atteindre
aux *mystères divins* ». Il développe d'abord
ce qu'emportent les deux premières de ces
limites , mais c'est de la troisième seulement
qu'il s'agit ici.

« La troisième règle (dit-il) exige une
définition exacte , et elle ne doit pas être
omise. Si quelqu'un en effet , d'après la connoissance des choses *sensibles* et *matérielles*,
espéroit d'arriver jusqu'à la manifestation de
la *nature* et de la *volonté* de Dieu , il *se laisseroit séduire par une vaine philosophie*. Car
la contemplation des *créatures* peut bien produire la *science* , quant aux *créatures* elles-
mêmes ; mais à l'égard de Dieu , elle ne peut
produire que l'*admiration ;* ce qui est comme
une *science abrupte* ».

Voilà un premier développement du principe qu'on a vu exprimé par ce philosophe
dans les passages précédents. Cette expression *science abrupte* , renferme l'idée qu'il
manque une *transition* , quelque connoissance intermédiaire entre la *contemplation*
de la *nature* et l'*admiration* de son *auteur*.
Le sentiment de l'*admiration* peut naître ,
comme la science, de la contemplation des

œuvres elles-mêmes ; mais quant à l'*ouvrier*, nos propres lumières n'étant tirées que d'objets *matériels*, nous n'avons connoissance que d'*ouvriers matériels* ; et nous ne conclurions jamais à autre chose, puisque nous ne saurions nous en former aucune idée. Ainsi l'existence d'un *être spirituel* et *créateur* de l'Univers, ne peut être qu'un *fait* révélé par cet être lui-même ; de sorte que notre *admiration* se transporte à lui, non par nos propres connoissances, ou la *philosophie*, mais par une *transition abrupte* à cet égard ; c'est-à-dire, par une connoissance étrangère au sujet, qui résulte de la *révélation* ; information que nous ne pouvons dépouiller, puisqu'elle est aussi ancienne que le genre humain, et qu'ainsi elle a précédé dans toutes les nations l'existence des philosophes.

On trouve les mêmes idées et les mêmes sentiments, dès la première préface de l'*Instauratio Magna*. Je dis les mêmes *sentiments*, car BACON, se défiant chez lui de la présomption humaine, craignant la *séduction* de cette *vaine philosophie* dont Saint PAUL recommande aux chrétiens de se garder, prie Dieu de l'en garantir. C'est dans la conclusion de cette préface ; et l'on y verra plus particulièrement, qu'en se livrant aux recherches *philosophiques*, Bacon ne perdoit jamais de vue les *oracles sacrés*.

« Entrainé par l'amour de l'éternelle vérité, nous avons entrepris de traverser des déserts, et de marcher par des routes difficiles et incertaines. Fondé et appuyé sur le secours de Dieu, nous avons roidi notre âme contre les attaques d'une armée d'opinions diverses qui s'opposoient fortement à notre marche, contre nos propres incertitudes et nos propres craintes, contre les ténèbres, les nuages, les fantômes innombrables qui environnoient tous les choses et nous en déroboient la vue; et nous l'avons fait uniquement par le désir de tracer à la génération présente et aux générations futures une route en laquelle elles pussent prendre de la confiance. En quoi, si nous avons eu quelque succès, nous ne le devons qu'au soin que nous avons pris de conserver notre esprit dans les bornes d'une sage humilité. Car ceux qui, avant nous, se sont appliqués à des découvertes dans les arts, après avoir jeté un coup d'œil sur les choses, les modèles et les expériences; aussitôt, et comme si pour découvrir, il suffisoit de réfléchir, ils ont invoqué leur propre génie pour

I 3

qu'il leur rendît des oracles. Pour nous, demeurant toujours et avec attention au milieu des choses, nous n'en écartons notre entendement qu'autant qu'il est nécessaire pour que leurs images et leurs rayons puissent, (comme dans l'organe de la vue) coïncider dans un même point ; d'où résulte qu'il ne reste pas beaucoup de confié aux forces et à la supériorité du génie.

« Or cette même humilité que nous avons toujours apportée dans le travail pour les découvertes, nous a accompagné dans leur exposition. Nous n'avons point donné à nos réfutations l'appareil du triomphe ; nous ne nous sommes point environnés avec affectation des témoignages de l'antiquité ; nous n'avons point prétendu à l'autorité ; nous ne nous sommes point enveloppés d'une obscurité mystérieuse, pour donner un air d'importance à nos découvertes ; moyens peu difficiles à trouver pour ceux qui travaillent plutôt à illustrer leur nom, qu'à répandre de la lumière dans l'esprit des autres. Ainsi, nous n'avons point fait de violence, ni tendu de piége au jugement des hommes ; nous les avons simplement amenés devant les choses, leur faisant remarquer leurs points de rapports ; afin qu'ils puissent juger eux-mêmes de ce qu'ils possèdent déjà et de ce qu'ils auront à réformer et à ajouter , et qu'ils apprennent à le mettre en commun.

« Si quelquefois nous avons cru trop légèrement ; si nous n'avons pas toujours eu dans nos observations assez d'attention , ou assez de vigilance ; si nous nous sommes arrêtés au milieu de notre route , en rompant le fil de nos recherches ; au moins nous avons toujours présenté les choses nues et sans voile : en sorte qu'on peut facilement remarquer nos erreurs , et les écarter avant qu'elles puissent pénétrer bien avant et infecter la masse des sciences , et qu'il sera toujours facile de renouer le fil de nos recherches. Nous espérons donc que notre travail fera cesser ce malheureux divorce , subsistant depuis si long-temps entre le *raisonnement* et l'*expérience* (divorce qui a occasionné de si grandes agitations parmi les hommes) ; et qu'il fera place à une union véritable et légitime à perpétuité.

« Mais comme il ne dépend pas de notre volonté de produire ce bien , nous commençons notre ouvrage en adressant à Dieu , Père , Verbe et Saint-Esprit , les prières les plus humbles et les plus ardentes pour que, daignant prendre en considération les misères du genre humain, et le triste pélerinage de cette vie mortelle, où nous coulons des jours en petit nombre et traversés de bien des maux, il veuille se servir de nos mains pour répandre sur les hommes de nouveaux secours et de nouveaux bienfaits. Nous le supplions encore de ne pas permettre que dans notre travail, les choses *humaines* nuisent aux choses *divines*; ni qu'en assurant la route des sens et augmentant la lumière naturelle, il en résulte du doute et de l'obscurité dans les esprits à l'égard des *divins mystères*; mais qu'il arrive plutôt que notre esprit, n'étant plus le jouet de l'illusion et de la vanité, et continuant d'être parfaitement soumis aux *oracles célestes*, nous donnions à la foi, ce qui appartient à la foi. Enfin, qu'ayant rejeté de notre âme le venin de cette science dont le serpent l'a infectée dès l'origine du monde, nous demeurions modestes et sobres dans notre sagesse, et qu'en cherchant la vérité, nous soyons toujours conduits par amour pour le genre humain (*).

(*) A cette prière, le traducteur françois de

« Ayant ainsi rempli notre devoir pour nous-mêmes ; pensant aussi à nos semblables, nous leur adresserons quelques avertissements, et nous requérrons d'eux ce qui nous paroît juste. (Nous les avertirons d'abord, (comme nous avons prié qu'il nous fut accordé) de tenir les sens dans leurs bornes, à l'égard des *choses divines.* Car les sens agissent sur nous, comme le soleil à l'égard de la terre ; quand il luit, il fait disparoître les objets des cieux. Mais ils doivent aussi prendre garde, qu'en fuyant cet écueil, ils ne heurtent contre l'écueil contraire ; ce qui arriveroit s'ils venoient à penser, que quelque partie des recherches sur la nature leur est interdite. Ce n'est pas en effet cette *science naturelle*, pure et sans tâche, par laquelle Adam donna aux choses des noms conformes à leurs propriétés, qui fut cause de sa chute ; ce fut cette ambitieuse *science morale* du *bien* et du *mal ;* ce fut la cupidité d'en juger par lui-même, afin que l'homme ne dépendît

---

Bacon, met en note : « Ce n'est pas sans quelque « répugnance que nous traduisons cet *oremus* ; mais « le public a demandé Bacon tel qu'il est, et nous « avons obéi ». Tome I. page 31. Voyez, *Bacon tel qu'il est.* Page 30.

plus de Dieu, et se donnât ses propres lois. Mais à l'égard des sciences qui n'embrassent que la nature, le saint philosophe a dit : *La gloire de Dieu consiste à cacher ces choses, et celle du roi à les découvrir.* Comme si la bonté divine eût préparé aux hommes un exercice agréable de leurs facultés, semblable à cet innocent jeu de leur enfance, dans lequel les uns se cachent, pour que les autres les trouvent. Enfin nous croyons devoir les avertir de ne jamais perdre de vue les vraies fins de la science : elles ne sont pas d'en repaître leur esprit, pour la dispute, pour mépriser les autres, ou pour acquérir de la renommée, du pouvoir, ou d'autres avantages de cet ordre inférieur ; mais pour l'avantage général et les agréments de la vie, en la dirigeant et l'avançant dans un véritable esprit de charité. Car c'est pour avoir aspiré au *pouvoir,* que les anges sont tombés ; et la chute de l'homme est provenue de l'ambition d'une *science* qui ne lui appartenoit pas. Mais il ne peut y avoir d'excès dans la *charité,* et ni les anges, ni les hommes ne courent aucun danger à la suivre ».

Je crois qu'il ne peut rester maintenant aucun doute sur la sincérité de Bacon dans l'hommage qu'il rend partout à la *religion révélée*, et ce n'est pas sur la force seule de ses expressions que repose cette certitude, mais sur ses motifs. C'est ce même philosophe, unanimement exalté, comme ayant ouvert les seules routes assurées pour arriver à des connoissances sur la nature, et comme le premier qui ait profondément étudié l'entendement humain, qui reconnoît ouvertement l'insuffisance des pouvoirs de l'homme, avec tous les secours qui peuvent résulter de la contemplation de la *nature*, pour parvenir à la connoissance de son AUTEUR, et qui prend soin de rappeler fréquemment aux hommes le bonheur d'avoir reçu du Créateur lui-même les instructions qui leur étoient indispensables à cet égard. Or quand son autorité (comme l'autorité de tant d'autres grands hommes) ne balanceroit pas celle de tous les détracteurs de la *révélation*, ses motifs, si on les pèse avec justice, ne peuvent que mériter l'attention de tous les hommes qui pensent à *l'avenir*.

C'est sur ce grand objet principalement; je veux dire, sur la nécessité d'une *révélation*, même pour le simple *théisme*, quand on joint à l'idée d'une *création* celle d'une *providence* qu'il importe aux hommes de connoître pour y conformer leur conduite ; qu'on a perverti les idées de Bacon, tout en paroissant parler d'après lui. J'ai rapporté au commencement de la première PARTIE, une remarque essentielle de l'auteur du Recueil des *Pensées et Sentiments de Bacon sur la Religion ;* c'est que ceux qui ne connoissent les ouvrages de cet auteur célèbre que par l'*Analise de sa Philosophie,* publiée en 1755, doivent ignorer son attachement pour le *christianisme,* et peuvent même soupçonner le contraire (*). L'estimable auteur du Recueil revient ensuite plusieurs fois à cette remarque, pour la justifier par des citations comparatives ; j'en choisirai deux pour les analiser, dont la première se trouve à la *page* 159 du 1 *vol.*

Quand je suivrai la marche tracée par Bacon dans l'étude de la nature (ce que je ferai bientôt), on verra qu'il assigne à la *physique* deux fonctions tendantes à la *métaphysique ;* la recherche des *origines,* et celle de l'*ensemble de l'Univers.* Mais en même

---

(*) C'est sur quoi a beaucoup renchéri son traducteur et commentateur M. la Salle.

temps il ne doutoit pas que la *création*, cette *origine* des *origines physiques*, n'eût été *révélée* au genre humain ; que cette *révélation* ne fût conservée pure dans l'*Écriture Sainte*, et que les idées de cosmogonie répandues parmi les payens, en particulier celle du *chaos*, comme ayant précédé l'arrangement de la *matière*, ne provinssent de cette source. Il fait une application particulière de ce principe dans son traité qui a pour titre : *Parmenidis et Telesii, et præcipue Democriti philosophiæ, de Principiis atque Originibus.* L'auteur de l'*Analise* extrait cet ouvrage, et c'est dans la comparaison de l'original à son simulacre sur l'objet dont il s'agit, qu'on pourra voir, et les vraies idées de BACON, et celles que l'ANALISTE lui prête. Pour faciliter cette comparaison, je donnerai la traduction du passage en deux parties, auxquelles je joindrai ce qui leur correspond dans l'*Analise*.

BACON. « Quand TELESIUS traite du *système* du monde, il n'en parle pas mal ; mais « il se montre très-ignorant sur les *commencements (principia)* ; et même à l'égard du « *système*, il fait une très-grande faute, en « le représentant de telle manière qu'il pour-

« roit avoir existé de tout temps, ne supposant
« pas un *chaos* antécédent, ni même que son
« arrangement ait subi de grandes variations.
« Dans cette *philosophie de Telesius,* comme
« dans *celle des Péripatéticiens* et les autres
« *semblables,* où l'on construit et tâche
« d'arranger le système du monde de manière
« qu'il ne paroisse pas avoir été précédé d'un
« *chaos,* on montre très-peu de solidité et
« des conceptions fort étroites. Car en ne
« raisonnant que d'après les *sens,* on peut
« bien attribuer l'*éternité* à la *matière,* mais
« point du tout au *monde* tel qu'il est. Cet
« *arrangement* du *monde,* postérieur à l'*exis-*
« *tence* de la *matière,* étoit même la *philoso-*
« *phie* des anciens temps, et celle de DÉMO-
« CRITE qui en approchoit le plus. Les *Saintes*
« *Écritures* attestent la même chose, mais
« avec cette différence essentielle, qu'elles
« attribuent à Dieu l'existence de la *matière,*
« et que *ces philosophes* la supposent exister
« par elle-même ».

L'ANALISTE. *(T. II, p.* 102.*)* « Il n'y a
« qu'un esprit peu philosophique, d'une in-
« telligence bornée, qui ne voie pas au-delà de
« ce qui est, et qui n'imagine pas, soit dans
« le passé, soit dans l'avenir, un ordre et une

« sphère toute différente. Les *sens* disent
« assez que le *monde* n'a pas *toujours été;*
« mais ils disent aussi que la *matière* est de
« *tout temps,* et voilà en quoi leur *témoi-*
« *gnage* ne s'accorde pas avec celui de la
« *foi.* » Là déjà l'ANALISTE présente BACON
comme mettant en opposition le *témoignage*
des *sens* à celui de la *foi,* tandis que l'opposition qu'il exprime, et qu'il développe immédiatement après, est celle de l'*Écriture Sainte*
aux *philosophies* indiquées; et qu'à l'égard
des *sens,* il dit seulement qu'en ne raisonnant
que d'après eux, on peut bien attribuer *l'éter-*
nité à la *matière;* ce qui veut dire proprement que d'après eux seuls, on ne peut rien
nier ni affirmer à cet égard (*).

BACON. « La *foi* paroît nous enseigner sur
« cet objet trois choses principales : 1°. que
« la *matière* a été *créée;* 2°. que son arrange-
« ment dans le système actuel de l'Univers
« fut produit par la *parole* toute-puissante,
« et non point que la *matière* ait passé d'elle-
« même du *chaos* à cet arrangement;

(*) Le traducteur françois de BACON lui fait
aussi reconnoître, dans sa préface, l'*éternité* de la
matière, malgré ses déclarations expresses en diverses occasions, et en particulier ici.

« 3°. que ce système, avant la *prévarication*,
« étoit le meilleur dont la *matière* (telle
« qu'elle avoit été créée) fût susceptible.
« Mais les *philosophes* dont nous parlons ne
« pouvoient s'élever à ces vérités ; car ils re-
« jetoient la *création* de la *matière ;* ils sup-
« posoient qu'après une multitude de circuits
« et de productions, elle étoit enfin arrivée
« d'elle-même à son état actuel, et ils ne
« pouvoient s'occuper d'*optimisme ,* puis-
« qu'ils considéroient cet état comme caduc
» et variable. Il faut donc s'en tenir sur ces
« objets à la *foi* et à ses *fondements......*
« Revenons aux *commencements* de Tele-
« sius......»

L'Analiste. « La *religion* suppose la *ma-*
« *tière* tirée du néant, et la *philosophie* a de
« l'horreur pour le *néant,* qu'elle ne conçoit
« pas. La *religion* attribue la *création* à la
« *parole* de la Toute-Puissance, et la *philo-*
« *sophie* convient que la *matière* est parvenue
« au mécanisme présent par une suite de de-
« grés et d'essorts. La *religion* assure qu'avant
« la *prévarication* de l'homme, l'Univers
« étoit dans un état de perfection d'où le
« péché l'a fait décheoir, et la *philosophie,*
« qui s'inquiète peu de l'*optimisme,* prétend

que

« que cette décadence est dans la nature
« même des choses, essentiellement chan-
« geantes et périssables; mais que l'altération
« n'est qu'un renouvellement de formes, et
« que le désordre respectif et passager tend à
« l'ordre perpétuel....... Revenons aux prin-
« cipes de *Telesius*......»

Il n'est besoin que de peu d'attention pour
apercevoir que dans cette exposition de l'ANA-
LISTE, non seulement tout lien est rompu
entre les idées de BACON, mais qu'elles y sont
tellement difformes, que d'un auteur qui défend partout la *révélation*, on fait même un
athée. Il oppose la *religion* à *des philosophies*
qu'il critique, et on lui fait opposer la *philosophie*, la *raison*, à la *révélation*, comme s'il eût
trouvé par la première, que la *matière* est
éternelle, et que c'est par une multitude de
circuits et d'essors qu'elle est arrivée à son
état actuel, pour en changer perpétuellement.
C'est la remarque qu'a déjà faite l'auteur du
recueil, d'où je tire ces traits de l'ANALISTE.

La défiguration est moins apparente dans
un autre trait que je vais citer, parce que du
moins BACON n'y paroît pas *athée*; mais son
but n'y est pas moins changé : il combattoit
l'*athéisme* par un raisonnement, et on ne lui

laisse qu'une pétition de principe, ce qui le présente comme fort peu philosophe, et détruit son influence pour maintenir la *révélation*, comme on le verra par ce qui en a été la suite.

Le passage dont il s'agit est dans l'art. XVI des *Fideles Sermones, sive interiora rerum*. BACON y reprend une idée qu'il avoit déjà exprimée dans son chapitre de la *Théologie naturelle* (L. III *de la Dign. et accrois. des Sciences*), où l'on verra dans la suite qu'elle est accompagnée de ses motifs; mais il y revient ici pour une considération particulière, sans entrer dans des détails. L'auteur de l'Analise ne remonte point à cette source, et ne présentant ainsi qu'une idée isolée, il semble n'y faire que peu de changement; mais j'en ferai remarquer un essentiel.

BACON. « Il est moins difficile de croire aux
« fables de l'Alcoran, du Talmud et des Lé-
« gendes, que de penser que la fabrique de
« l'Univers existe sans intelligence. C'est pour-
« quoi Dieu n'a jamais fait de *miracle* pour
« convaincre les *athées*, parce que ses œuvres
« ordinaires y suffisent. Il est vrai cependant
« qu'un peu de philosophie naturelle peut
« faire pencher les hommes vers l'*athéisme*;

« mais une connoissance plus approfondie des
« choses doit les *ramener (circumagere)* à la
« *religion.* Car lorsque l'entendement hu-
« main ne considère les *causes particulières*
« que comme *éparses,* il peut bien quelque-
« fois s'y fixer et ne pas aller plus loin ; mais
« quand il continue ses recherches, et voit
« ces *causes* se lier les unes aux autres pour
« former comme une chaîne, il sent la néces-
« sité de *recourir (confugere)* à la *Provi-*
« *dence,* à la *Divinité.* »

Voilà la proposition fondamentale de tout
le plan de BACON, et c'est celle qui a été
écartée par les *encyclopédistes* lorsqu'ils ont
dit, comme d'après lui, que la recherche
des *causes générales* est désespérée et inutile,
et qu'il faut s'en tenir aux *causes particu-*
lières, comme conduisant à la *pratique.* BA-
CON montre ici au contraire, que c'est-là la
route vers l'*athéisme* ou le *scepticisme* ; parce
que l'esprit s'arrête à ces *causes éparses,* et
ne leur voyant point de liaison entr'elles par
des *causes reculées,* il n'arrive jamais au point
où il faut *recourir* à une CAUSE distincte de la
nature, ou de l'*Univers.* C'est ce vrai plan de
BACON que je suivrai bientôt, et l'on verra
qu'il se trouve rempli de la manière même

qu'il avoit intention d'exprimer dans ce qui précède, et que l'ANALISTE me fournira l'occasion de développer.

L'ANALISTE. «Dieu n'a jamais fait de *miracle* pour combattre *l'athée*, parce que
« rien ne peut l'ébranler, s'il résiste aux
« preuves naturelles que l'Univers lui donne.
« Le premier pas de la philosophie peut me-
« ner à l'athéisme, parce qu'on passe aisé-
« ment de l'extrême imbécillité qui croit
« tout, à l'extrême audace qui ne croit rien :
« ou que le désordre apparent des *causes se-*
« *condes* fait oublier la *cause* première. Mais
« la *philosophie*, qui embrasse l'enchaîne-
« ment des parties et leur dépendance d'un
« souverain moteur, *conduit nécessairement*
« à la *religion*. »

Je ne m'arrête pas à ce ton de sarcasme prêté à BACON, au lieu du style simple et rationnel qu'on a vu dans le passage cité : la différence essentielle, quoique peu apparente pour ceux à qui le plan de ce philosophe n'est pas familier, consiste dans le changement des expressions, *ramener* à la *religion*, obliger de *recourir* à la Providence et à la Divinité, en celle de *conduire nécessairement* à la *religion,* sans néanmoins avoir en vue une religion *révélée*; ce qui présente une idée absolument opposée à celle de Bacon. J'ai dit que l'idée exprimée ici, pour l'accompagner de la remarque particulière sur les *causes*, se trouve déjà dans le chapitre de la *Théologie natuturelle*, où Bacon avoit dit : « *Dieu n'a jamais fait de miracle pour convertir les* « *athées, parce qu'ils peuvent remonter à lui* « *par les lumières de la nature*; mais il a « fait des *miracles* pour convertir les *ido-* « *lâtres* et les hommes *superstitieux*, parce « que reconnoissant une divinité, ils étoient « dans l'erreur quant au culte qu'ils lui ren- « doient. » L'idée reprise dans les *Fideles sermones* se trouve déjà commentée par son association dans ce passage, à laquelle je ne tarderai pas de venir, en suivant l'ouvrage qui renferme ce chapitre; mais elle l'est plus directement par le passage qui suit immédiatement, et celui qui précède celui-là : à sa suite se trouvent ces mots : « La *lumière de la* « *nature* ne pouvant servir à faire connoître, « ni la *volonté* de Dieu, ni le *culte* qu'on « doit lui rendre. » Et ce qui précède le passage, c'est-à-dire la proposition à laquelle il se rapporte comme lui servant de développement, est celle-ci, parlant de la *Théologie*

K 3

naturelle : « Les limites de cette science
« peuvent certainement être ainsi détermi-
« nées ; elle va bien jusqu'à réfuter l'*athée*,
« le convaincre d'erreur, et à éclairer la loi
« de la nature ; mais elle *ne s'étend point* jus-
« qu'à *établir la religion.* »

Voilà donc formellement le contraire de ce que l'ANALISTE fait dire à ce philosophe, et il ne contredit pas moins l'expérience. Comment la *lumière de la nature* sert-elle à réfuter l'*athéisme ?* Est-ce en *conduisant nécessairement* à la *religion ?* Point du tout : car d'abord on a vu de tout temps, et l'on voit encore de nos jours des *athées* parmi ceux qui s'occupent de la nature : et d'ailleurs, que croiroit la grande masse des hommes, qui ne s'en occupe pas ? C'est donc seulement parce l'*athée* soutenant, contre la *religion* de tous les peuples, que l'Univers existe sans *intelligence,* est obligé de prouver cette assertion ; ce que des connoissances suffisantes dans la *philosophie naturelle* démontrent qu'il ne fait pas ; de sorte qu'il est obligé, s'il est de bonne foi, de *retourner* à cette *religion* générale, dont la base, une *cause première intelligente,* est reconnue de tous les peuples comme *révélée.*

Au lieu de cet enchaînement des idées de BACON, auquel j'aurai occasion de revenir, l'*Analiste* lui fait énoncer une *pétition de principes* vis-à-vis des *athées*, aussi bien qu'une proposition qui est sans fondement en elle-même; savoir : que l'étude approfondie de la nature *conduit nécessairement* à la *religion*. Aussi fut-il attaqué quelque temps après par un des hommes vis-à-vis de qui il ne faut pas employer un argument si foible.

C'est ici le lieu de montrer la marche qu'a suivie la défiguration des idées de notre philosophe. D'ALEMBERT avoit dit seulement : « Ce « grand homme, après avoir brisé tant de « fers, étoit encore retenu par quelque *chaîne* « qu'il ne pouvoit ou n'*osoit* rompre. » L'*Analiste* vint après, et pervertit sa *philosophie*, en la séparant de la *révélation*, et n'y laissant qu'un *théisme* vague et sans appui. VOLTAIRE mit ensuite cette *philosophie* à l'écart, en annonçant, qu'après avoir servi d'*échafaud* à la *nouvelle philosophie*, elle étoit *devenue inutile*. Enfin, lorsqu'on crut cette dernière assez accréditée pour n'avoir plus rien à ménager, BACON, d'abord célébré comme son modèle, fut traité de *radoteur* quand il parloit d'une religion, et l'auteur de l'*Analise* n'échappa pas à la censure, pour en avoir laissé quelques traces dans son ouvrage. Voici comment l'auteur du Recueil de Paris, dont je tire ces traits, introduit, dans son Discours préliminaire, ce nouveau champion de l'infidélité.

« Sur l'article des inexactitudes dont l'*Analise* est pleine, nous avons un accusateur et un témoin irrécusable, qui auroit pu nous dispenser d'entrer dans aucun détail de preuves : cet accusateur, c'est l'auteur du *Dictionnaire de la Philosophie ancienne et moderne*, faisant partie de l'*Encyclopédie méthodique*. Il étoit lié d'amitié et de principes avec l'auteur de l'*Analise*, et il a assez estimé ce dernier ouvrage, pour l'adopter, et en insérer les deux volumes dans l'article BACON de son Dictionnaire : mais ayant jugé à propos de lire les principaux ouvrages de BACON, il déclare avoir reconnu, que l'*Analiste joignoit partout ses propres pensées à celles du philosophe anglois*; il fait de ce procédé une critique ouverte, et il ajoute » : — « Nous avons eu soin de retrancher de « l'*Analise de la Philosophie de Bacon*, la « plupart des idées et des réflexions qui appar- « tiennent à son élégant paraphraste. Un « homme aussi riche de son propre fond que

« Bacon, ne doit pas vivre en partie sur les
« revenus d'un autre, et nous avons dû rendre
« à chacun le sien, aussi souvent que nous
« avons pu reconnoître et déterminer les li-
« mites de leurs possessions respectives. »
(Art. Bacon, *p.* 439.) «Mais il s'en faut
bien (continue l'auteur du Recueil) que la
restitution ait été complète. Quoiqu'il en
soit, l'auteur du Dictionnaire a fait, sur
l'Analise adoptée, quelques notes qui inté-
ressent la religion et l'honneur de Bacon, et
par conséquent, qui méritent de notre part
l'examen le plus attentif. »

Une de ces notes est la critique du passage
ci-dessus de l'analiste, ce qui lui donne
occasion de· parler des sentiments de Bacon
sur la *religion*. Je prie ceux de mes lecteurs
qui se sont accoutumés à croire qu'il n'étoit
pas besoin de *révélation* pour reconnoître une
cause première intelligente, bonne et sage,
puisque le *spectacle de la nature* suffisoit, de
donner attention aux idées suivantes, soute-
nues jusqu'à notre génération, et renfermées
dans cette *Encyclopédie méthodique*, qui devoit être le code de l'humanité.

« On ne reconnoît point (dit l'auteur de
« l'Article) dans cette page de Bacon, ce

« jugement droit, cette supériorité de raison
« qui caractérise les ouvrages de ce philoso-
« phe. Si on y rencontroit souvent des *asser-*
« *tions* telles que celles qui font l'objet de
« cette note, on seroit tenté de croire, qu'à
« l'exemple de Cardan, de Vanhelmont,
« de Pascal, etc. il n'étoit pas toujours dans
« *son bon sens* : et que ses grandes vues,
« ses pensées fines, profondes, hardies, ré-
« pandues dans tous ses écrits, avec cette
« profusion, cet abandon qui annoncent les
« richesses et l'abondance, lui étoient pour
« ainsi dire inspirées dans des moments lu-
« cides où, sorti de cet état d'*orgasme* et
« maître de lui-même (*sui compos*), il
« pouvoit faire usage de toutes les forces de
« son entendement.

« Le *spectacle de la nature* ne prouve ab-
« solument rien, puisqu'il n'est, à parler
« avec précision, ni *beau*, ni *laid*. Il n'y a
« point dans l'Univers un ordre et une har-
« monie *absolus*, mais seulement *relatifs* et
« déterminés par la nature de notre co-exis-
« tence pure et simple. L'ordre de l'Univers,
« quel qu'il soit, sera trouvé *très-beau* par
« celui qui co-existera d'une manière agréable
« et heureuse avec cet enchaînement *fortuit*

« et *éternel* de causes et effets *nécessaires ;* et
« cet ordre, restant d'ailleurs rigoureusement
« *le même* , paroîtra *très-laid* et *très-impar-*
« *fait* à celui qui souffre, et dont la pénible
« existence est une succession presque non
« interrompue de maux physiques et mo-
« raux.

« Au reste, toutes les fois que BACON parle
« du *christianisme,* l'homme de génie dis-
« paroît, et l'on ne voit plus qu'un *vieil en-*
« *fant* qui répète avec une *confiance aveugle*
« les *contes absurdes* dont sa nourrice l'a
« bercé. (*p.* 369) (*). »

Tel a été de tout temps, et seroit toujours
l'argument des *athées* et des *sceptiques* contre
l'existence de Dieu, et les plus dangereux
sont ceux qui, moins explicites que cet écrivain, veulent, comme l'*Analiste* , persuader
les hommes qu'ils n'ont pas eu besoin de *ré-*

(*) Restoit-il quelque plus grande défiguration possible des idées religieuses de BACON ? Oui, c'est celle de
son traducteur et commentateur nouvellement sur la
scène, qui, à son tour, transforme le *vieil enfant*
de l'*encyclopédie méthodique* , en un homme adroit,
qui travailloit de loin à *saper les bases du christia-*
nisme, comme étant *la cause des maux de l'hu-*
manité.

vélation pour établir une *religion :* car alors on ne cherche plus les preuves de la première, et l'on se fait une *religion* à sa fantaisie, qui, n'ayant point de base, s'écroule enfin.

L'objet de cette *section* n'a pas été seulement d'opposer les vrais sentiments de Bacon sur la *révélation,* aux diverses peintures qu'en ont faites ceux qui redoutoient l'influence de ce grand homme pour appuyer ce qu'ils vouloient abattre : cette exposition n'étoit pas moins nécessaire, avant que de suivre Bacon dans les routes qu'il nous a tracées pour arriver à une *philosophie* réelle ; car c'en est, et la porte d'entrée, et l'issue, comme on le verra dans les parties suivantes.

TROISIÈME PARTIE.

Plan tracé par BACON pour arriver à la PHILOSOPHIE NATURELLE ; et sa distinction de celle-ci d'avec la PHILOSOPHIE PREMIÈRE, ou ce qu'on entend communément par LA PHILOSOPHIE.

1. Je viens maintenant à une exposition suivie du plan de BACON, commençant par ses grandes *divisions* des *sciences*, et ses préceptes généraux pour leur avancement ; préceptes dont je ne suivrai l'application qu'à l'égard de la *philosophie naturelle*. Il ne s'agira ici que des *règles générales*, distinctes des *routes* qu'il a ouvertes pour réaliser ses espérances, et auxquelles je viendrai ensuite. Je passe donc ainsi à un nouveau sujet ; et cependant on ne perdra jamais de vue la liaison que ce grand homme a toujours établie entre ceux des deux *sections* de la PARTIE précédente ; car on ne sauroit effacer cette liaison, sans faire disparoître l'original.

2. Cette PARTIE sera principalement le résumé du grand ouvrage *de la Dignité et Accroissement des Sciences*. J'ai déjà donné

ci-devant quelques extraits du LIVRE I, dont le titre annonce : *Qu'il n'est pas divisé en chapitres, ne contenant qu'un plan de tout l'ouvrage, et les réponses à quelques objections.* Un des buts de BACON dans ce LIVRE, est de montrer l'utilité des *sciences* réelles. Il fait voir en particulier ; que quelques hommes sensés ne se sont dégoûtés des *sciences*, que parce qu'elles n'ont point encore le caractère qu'elles doivent et peuvent acquérir : il en montre la *dignité* par l'ÉCRITURE SAINTE, qui est toujours sa règle ; sous ce point de vue, il répond aux objections qu'on avoit cru trouver contr'elles dans quelques passages de SALOMON et de ST. PAUL, et il les défend contre celles de la superstition, du faux zèle et de l'ignorance. On a déjà vu dans la PARTIE précédente quelques avis relatifs à cet objet, ainsi je n'y reviendrai pas ici, et je n'ajouterai de ce livre qu'un trait intéressant sur l'indifférence que bien des *grands* et des *riches* montrent envers ceux qui se vouent aux sciences. BACON, en traitant ce sujet, cite en particulier un mot de DIOGÈNE, à qui quelqu'un demandoit ironiquement, *pourquoi les PHILOSOPHES recherchoient les RICHES, quoique ceux-ci ne recherchassent pas les*

PHILOSOPHES : *c'est* (répondit - il) *parce que les PHILOSOPHES* savent ce *qui leur manque , et que les RICHES ne le savent pas.*

3. Dans l'introduction au Livre II, BA-CON parle de la *littérature* et des *gens de lettres*, de leurs mérites et de leurs défauts et l'on y trouve en particulier cette remarque plus applicable encore à nos temps, qu'à celui de BACON.

« On dit en proverbe : *Un boiteux dans le bon chemin , devance un coureur qui est hors du chemin;* à quoi s'applique très-exactement cette métaphore de SALOMON : *Si la hache a perdu son tranchant, il faut employer plus de force ; mais la sagesse l'emporte sur tout :* voulant dire par-là qu'un choix sage des moyens, conduit plus efficacement au but, que la grandeur des efforts, ou l'accumulation des forces. Ce qui (sauf le respect dû à ceux qui ont bien mérité des lettres, de quelque manière que ce soit) porte contre ce qui me paroît et que je réprouve, que les ouvrages et la conduite de bien des gens ont plus en vue l'illustration de leur nom, que le progrès et l'extension des sciences; et qu'ils augmentent plutôt le nombre des gens de lettres, qu'ils n'apportent des accroissements aux lumières ». Je crois que si BACON vivoit de nos jours, il ajouteroit à cette remarque : que la foule des *échos* de *l'erreur* empêche que les enseignements de l'expérience accumulée ne soient entendus.

4. Le CHAP. I de ce LIVRE a pour titre : *Division générale de la Doctrine humaine, en HISTOIRE, POÉSIE et PHILOSOPHIE, suivant les trois facultés intellectuelles de l'Homme, la MÉMOIRE, l'IMAGINATION et la RAISON ; ce qui embrasse la THÉOLOGIE.* Ce chapitre n'est pas long, ainsi je le donnerai en entier.

« La vraie division de la *Doctrine humaine* doit être prise des trois facultés de *l'âme rationnelle*, siège de cette doctrine : la MÉMOIRE, l'IMAGINATION et la RAISON. Ainsi, *l'histoire* se rapporte à la MÉMOIRE ; la *poésie* à l'IMAGINATION, et la *philosophie* à la RAISON. Au reste, par *poésie*, nous n'entendons ici que la *fiction* ou les *fables* : car, quant aux *vers*, ce n'est qu'une sorte de style appartenant ainsi à l'art du discours, dont nous parlerons en son lieu.

« *L'histoire* ne concerne proprement que les *individus* circonscrits par *l'espace* et le

temps

temps ; car, quoique l'*histoire naturelle* paroisse s'occuper d'*espèces* ; ce n'est qu'à cause de l'entrelacement des choses naturelles; et parce qu'en groupant ainsi les choses semblables entr'elles, si l'on connoît un *individu* d'une *espèce*, on les connoît tous. Ainsi, quant aux *individus* qui sont seuls de leur espèce (comme pour nous, notre soleil et notre lune), ou qui diffèrent de leur espèce d'une manière marquée (comme les monstres), leur description n'appartient pas moins à l'*histoire naturelle*. Tous ces objets se rapportent à la MÉMOIRE.

« La *poésie*, dans le sens que nous avons expliqué, embrasse aussi les *individus* ; mais elle les figure d'après quelque ressemblance avec ceux de l'*histoire* réelle ; de manière cependant qu'elle excède le plus souvent les limites de leurs dissemblances, en composant et introduisant à son gré des choses, qui ne sauroient se *trouver*, ni jamais *arriver :* comme le fait aussi la *peinture*. C'est-là l'ouvrage de l'IMAGINATION.

« La *philosophie* abandonne les *individus* ; elle n'embrasse pas non plus les *premières impressions* produites par eux dans la *mémoire* ; excepté pour en former des *notions*, qu'elle

Tome I.   L

compose ou divise, suivant ce qu'indique la marche de la nature, et l'évidence des choses elles-mêmes. C'est ici l'office et l'œuvre de la RAISON.

« Si l'on recherche avec soin l'origine des choses intellectuelles, on la trouvera aisément telle que nous venons de la définir. Les *individus* seuls, frappent les *sens*, qui sont comme la porte de l'*entendement*. Les *images* des *individus*, ou les impressions qu'ils ont faites sur les *sens*, passent dans la MÉMOIRE, s'y étendent d'abord comme *entières*, et suivant l'ordre où elles ont été reçues. L'âme de l'homme les repasse et les rumine, après quoi, ou elle les conserve telles qu'elles sont, ou elle se les peint à son gré, comme par jeu ; et elle les digère par composition ou décomposition. On voit donc clairement que la *poésie* et la *philosophie*; ont ces trois sources dans l'homme ; la MÉMOIRE, l'IMAGINATION, et la RAISON ; et qu'il ne peut y en avoir, ni aucune autre, ni un plus grand nombre : car ici nous considérons comme une même chose, l'*histoire* et l'*expérience*, et nous entendons aussi comme une même chose, la *philosophie* et la *science.*

« Nous ne pensons pas non plus qu'il

soit besoin d'une autre division , pour embrasser les choses *théologiques*. Il est vrai ,
sans doute , que les *informations* reçues par
l'oracle et par les sens , diffèrent beaucoup ,
tant à l'égard des objets , que quant à la manière dont nous en avons connoissance; mais
l'esprit humain est le même ; ses *layettes* et
ses *loges* sont les mêmes ; et c'est par conséquent , comme si différentes liqueurs étoient
versées , par différents entonnoirs , dans un
même vase. (*) Ainsi , la *théologie* a son
histoire , qui est l'*histoire sacrée* ; ses *paraboles* sont aussi comme une *poésie sacrée* ;
et ses *dogmes* et *préceptes* , sont une *philosophie permanente*. Quant à une autre de ses
parties qui sembleroit surabonder dans ces
rapports , savoir , les *prophéties* ; elles peu-

(*) L'auteur de la traduction françoise , met ici
en note : « Il *paroît* qu'il entend par *oracle* , la voix
« de Dieu , de quelque manière qu'elle se fasse en-
« tendre , soit à l'*intérieur* , soit à l'*extérieur* ».
C'est ce qui convenoit à l'idée qu'il prête à BACON ,
de rejeter des notions positivement *révélées* aux
hommes; mais il est évident ici , d'après la métaphore employée par ce philosophe , qu'il les regardoit comme venues *de l'extérieur* dans l'esprit des
hommes.

vent être considérées comme un genre d'*histoire* : mais l'histoire divine a cette éminente prérogative sur l'histoire humaine ; que sa *narration* peut précéder, non moins que suivre le *fait* ».

5. J'ai traduit en entier ce chapitre, à cause de son opposition, même littérale, avec le *sémi-idéalisme* de M. KANT. Cette opposition existe également, dans le fond et dans la forme. Quant au fond : BACON n'ayant pour modèle que la nature, laisse le *monde* tel qu'il est ; tel qu'il a été fait par le créateur, indépendant de l'*homme* et de ses idées, mais objet de son observation ; par laquelle, en multipliant et classant les objets, il doit travailler à en conclure *ce qu'ils sont*, en en séparant les *aberrations* des *sens* et de l'*esprit*. A l'égard de l'*homme*, BACON ne le considère que tel qu'il se sent lui-même évidemment, et tel aussi qu'il est défini par la *révélation*. Ainsi, il n'amalgame point, comme M. KANT, le *monde* avec l'*homme* ; au contraire, toute sa marche tend à les tenir séparés, et il y réussit aisément. Quant à la forme de l'exposition ; l'admirable simplicité de celle de BACON, et son évidence sentie, parce qu'elle suit les traces de la nature, la

rend absolument l'inverse de celle de M. KANT. On verra entr'autres ; soit dans les développements de sa *philosophie*, soit dans les progrès qu'a faits par elle la connoissance de la nature ; que retrancher du *monde commun*, l'*espace* et le *temps*, les *causes* et *effets*, pour les transporter dans l'*homme*, n'est que *créer* (comme disoit HÉRACLITE) un *microcosme* dans son *imagination* : c'est la POÉSIE. Je ne reviendrai plus à cet objet.

6. On voit encore dans ce beau morceau de BACON, une censure anticipée de ce système moderne, qui sépare l'*histoire sacrée* de la *théologie* ; car, comme la nature même des choses l'exige, il fait de la première, la base de nos connoissances concernant la dernière. Mais sans doute l'*écriture sainte*, comme tout premier objet d'information, se présente tant à l'*imagination*, qu'à la *raison* de l'homme. BACON respecte trop cet objet, pour s'en occuper d'aucune autre manière que pour le bien connoître. Il le laisse donc *tel qu'il s'est imprimé dans sa* MÉMOIRE, il en déduit une *philosophie permanente*. Mais quand l'homme se permet d'y employer son IMAGINATION, qui *façonne les objets à son gré*, il peut en former autant de *fables* qu'il

lui plaît ; et des *fables* bien dangereuses , quand il a eu le malheur de tomber , comme le dit encore Bacon, dans cette *ambition de science* , qui occasionna la chute d'Adam.

7. Le Chap. II du même livre, traite des divisions de l'*histoire* : j'en rapporterai ce qui sera nécessaire pour conduire à l'*histoire naturelle* , qui est ici mon but.

« L'histoire est , ou *naturelle* , ou *civile*. L'histoire *naturelle* rapporte les *faits*, ou ordinaires, ou extraordinaires de la *nature ;* et l'histoire *civile*, ceux des *hommes*. Les *objets divins* se distinguent dans l'une et l'autre ; mais particulièrement dans la dernière ; quoiqu'ils constituent séparément une *histoire* particulière , que nous nommons *sacrée et ecclésiastique*. Il nous paroît aussi , vu la dignité particulière des *lettres* et des *arts* , qu'on peut en faire une *histoire* distincte , toujours sous l'histoire *civile*, de même que l'*histoire ecclésiastique*.

« La division de l'*histoire naturelle*, dérive des états ou situations de la *nature* elle-même, qui sont de trois genres ; ou comme si elle étoit soumise à trois gouvernements. La *nature* en effet , est : ou *libre* , et suivant son cours ordinaire ; comme dans les cieux , dans les animaux, les plantes, et tout le reste de son appareil : ou tirée de son cours accoutumé par quelque contrariété de la matière, ou par des obstacles, comme dans les *monstres*; ou enfin, contrainte, déroutée, et en quelque sorte changée par les hommes, comme dans les choses *artificielles*. Ainsi, *l'histoire naturelle* se divise, en histoires des *générations*, des *preter-générations*, et des *arts*; et cette dernière, nous avons coutume de la nommer *mécanique* et *expérimentale*. La première traite de la nature libre; la seconde, de ses *écarts*; et la troisième, de son asservissement par les hommes.

« Nous indiquons ici l'histoire *mécanique* et *expérimentale* comme partie de *l'histoire naturelle*, telle que nous la concevons; parce que c'est à tort qu'on s'est accoutumé à penser, que l'*art* étoit autre chose que la *nature*, ou les choses *artificielles*, étrangères aux choses *naturelles*. . . Cependant on auroit dû voir, que ces deux classes de choses ne différoient point dans la *forme* ou *essence*, mais seulement dans la *cause efficiente*. Car l'homme n'a, dans la nature, d'autre pouvoir que celui du *mouvement*; il peut *approcher* ou *écarter* les uns des autres, les corps naturels. . . . Mais quand les choses ont été disposées pour produire certains *effets*, il n'importe pas à ces *effets*, qu'elles l'aient été par l'homme, ou sans l'homme ».

8. Il faut essentiellement se rappeler ce sens fixe que Bacon attache, dès l'entrée, à l'expression *histoire naturelle*, comme renfermant tous les *faits* de la *nature* rassemblés, soit par l'*observation*, soit par l'*expérience*, en comprenant les *arts* dans celle-ci; parce qu'en parlant des *choses naturelles*, et de la *philosophie* qui en dérive, il emploie indifféremment les expressions, *histoire naturelle et expérimentale*, *histoire naturelle*, ou simplement *histoire*, pour désigner la première base de toutes les connoissances humaines sur la nature; mais, à moins qu'il ne fasse formellement une distinction, le sens montre toujours l'identité de signification de ces termes qu'il emploie suivant qu'ils lui sont plus commodes. C'est ce qu'on verra dès le début d'un premier développement de ce sujet, au Chap. III du même Livre, dont je donnerai ici la traduction entière, comme base de tout ce qui suivra.

« L'*histoire naturelle* (comme nous venons de le dire) est triple, quant à son *objet*;

elle est double quant à son *usage*. A ce dernier égard, elle sert, ou pour fournir la première *connoissance* des *choses*, ce qui constitue l'*histoire*; ou comme *premiers matériaux* de la PHILOSOPHIE. Mais cette première fonction de l'*histoire*, qui amuse par la variété des descriptions, ou qui aide aux expériences, pour en tirer du plaisir ou des avantages, est d'un ordre bien inférieur à celle qui prépare une collection d'objets propres à l'*induction* vraie et légitime, et qui est ainsi comme la *mère-nourrice* de la *philosophie*. Sous ce point de vue, nous divisons aussi l'*histoire naturelle*; en *narrative*, et *inductive*; mais cette dernière est encore à désirer. — Et qu'ici on ne se laisse pas asservir l'esprit, par de grands noms anciens, ni par les gros volumes des modernes : nous savons bien qu'il existe une *histoire naturelle*, très-volumineuse, très-agréable par sa variété, très-curieuse par les soins qu'on y a apportés; mais si l'on en déduit, les fables, le mérite de l'antiquité, les citations d'auteurs, les vaines controverses, la philologie et les ornements (qui fournissent plutôt matière aux discours de tables et au passe-temps de soirées des hommes doctes, qu'ils ne servent à avancer la *philosophie*), tout cela ne se réduira pas à grand'chose. Du moins, ce que nous avons de ce genre est bien loin de l'*histoire naturelle* désignée ici ; car d'abord, on n'y trouve point ces deux parties dont nous avons parlé, les *écarts de la nature*, et les *arts* tels que nous les avons définis ; auxquelles nous attachons une grande importance ; et quant à l'autre partie, que nous avons nommée les *générations* ; on n'y trouve qu'*un*, des *cinq* objets généraux suivants, dans lesquels elle doit consister.

« La première partie de l'histoire des *générations* regarde les objets des *cieux* ; c'est-à-dire, leurs *phénomènes* simples, sans mélange d'opinions. — La seconde, concerne les *météores*, et la région qu'on nomme de *l'air* ; à l'égard de laquelle on ne trouve rien de satisfaisant sur les *comètes*, les *météores ignés*, les *vents*, la *pluie*, les *tempétes* et autres semblables. — La troisième est celle de la *terre* et des *mers* (en tant qu'elles sont parties intégrantes de l'Univers) renfermant ainsi, celles des *montagnes*, des *fleuves*, des *marées*, des *îles*, des *sables*, des *foréts* ; enfin la forme des *continents*, leur gisement ; mais le tout plutôt dans des descriptions exactes et spéciales, que cosmographiques. —

La quatrième regarde les matières communes, que nous nommons *colléges majeurs*, ou ce qu'on nomme d'ordinaire les *éléments*. On ne trouve en effet, sur le *feu*, l'*air*, l'*eau*, la *terre*, sur leur nature, leurs mouvements, leurs opérations, leurs impressions, rien qui puisse constituer un corps d'*histoire*. — La cinquième et dernière, renferme ce qu'on nomme les *espèces*, et que nous désignons par *colléges mineurs*. C'est à celle-ci seulement que les naturalistes se sont appliqués; mais il y a plutôt du luxe et des superfluités (comme des desseins d'animaux, de plantes et autres choses semblables), qu'il n'y a des observations exactes et solides qui, en tout genre, doivent composer l'*histoire naturelle;* et pour le dire en un mot, tout ce que nous avons dans ce genre important, soit quant aux recherches, soit quant au plan, n'est point dans un ordre propre au but que nous nous proposons, celui de donner naissance et accroissement à la PHILOSOPHIE. C'est pourquoi nous avons dit, qu'une *histoire inductive* est encore à faire ».

9. Tel est le point de vue sous lequel BACON envisage la *philosophie* dès qu'il commence d'en traiter : il ne se départ de ce

sens dans aucune partie de ses ouvrages; et l'on peut voir en particulier, que les passages déjà cités dans la *section* I de la PARTIE précédente s'y rapportent directement. En un mot, la *philosophie* n'étoit pas *née* de son temps; il falloit la *faire naître* et l'*alimenter* par des recherches assidues et réfléchies dans la nature, qui est sa seule vraie source : voilà ce qu'il démontre. Il ne pouvoit donc y avoir eu jusqu'à lui que des fantômes de *philosophie*; puisqu'on n'avoit point suivi les seules routes qui pouvoient conduire réellement à l'*interprétation de la nature*, qu'il présente comme devant être le but final de la science humaine, et l'on ne fera jamais que des simulacres de *philosophie*, tant qu'on ne suivra pas les routes qu'il a tracées, auxquelles la *raison* acquiesce sans balancer, lorsque, suivant les premiers préceptes de ce grand homme, elle se dépouille de toute *idole* et devient *table rase*, pour voir et juger les choses telles qu'elles sont.

10. Il est indubitable alors que pour connoître la *nature*, il faut d'abord en rechercher assidûment et scrupuleusement les *phénomènes*, de toute classe, de tout genre, et de toute espèce ; tant ceux qui se présentent

ordinairement, que ceux qui s'écartent de la marche commune : et qu'après s'être déjà assez avancé, on doit s'occuper de la recherche des phénomènes *lucifères* (comme les nomme BACON); c'est-à-dire, de ceux qu'on cherche à dessein dans la simple *observation*, d'après quelque vue fournie par de premiers rapports découverts ; ou par l'*expérience*, lorsque, d'après quelque remarque sur les *phénomènes* ordinaires, et quelques premiers indices de *causes*, cherchant à les vérifier, on arrange les circonstances pour produire des effets, que le cours naturel des choses ne montre que rarement, ou qu'il ne produiroit peut-être jamais. Tel est le plan de son histoire naturelle *narrative* ; qui, suivant son expression figurée, doit faire *naître* et *allaiter* la *philosophie* ; c'est-à-dire, qui peut seule lui servir de première base. L'histoire naturelle *inductive*, doit être formée de celle-là ; mais de son temps, elle étoit moins avancée encore que l'histoire *narrative* ; parce qu'avant que d'arranger les choses suivant leurs rapports naturels, il faut en avoir rassemblé un très-grand nombre, bien déterminées, dans des classes successivement voisines ; pour que leur rapprochement puisse manifester ces rapports. Il a fait de grands efforts pour en donner du moins des modèles ; en rassemblant tout ce qu'il avoit trouvé, et y ajoutant ce qu'il avoit pû produire lui-même, comme on aura occasion de le voir dans la suite. C'est le même plan qu'on a déjà pu remarquer dans ses *anticipations* d'espérances, sous sa fiction de la *Nouvelle Atlantide*.

11. Le reste de ce LIVRE traite de l'histoire *civile*, et dans le même plan général. Les *divisions* de BACON découlant toujours de la nature des choses, elles lui donnent lieu ici à faire des remarques très-profondes : et comme on l'a vu ranger sous le titre d'histoire *civile* (ou *des hommes*), tout ce que renferme l'*histoire sacrée* qui se rapporte aux hommes, il y traite des *miracles*, des *paraboles* et des *prophéties*, avec une telle clarté, une marche si réfléchie, et tant de dignité, que ce livre seul seroit capable d'effacer chez ceux qui l'étudieroient avec attention, tous les prestiges que s'efforce à répandre de nos jours une classe d'hommes, qu'il suffit de placer à côté de BACON, pour la faire disparoître.

12. Le LIVRE III du même ouvrage, est destiné à tenter un *second pas* dans la PHILO-

sophie, et c'est par une division des *sciences* suivant leurs classes et genres, correspondant à celle du *premier pas*, qui, comme on vient de le voir, est la formation d'une *histoire naturelle* propre à servir de base à la science.

13. Le Chap. I de ce livre, renferme la division la plus générale des *sciences*, avec quelques premières subdivisions : par où l'on verra encore, au milieu de ce que le génie et les lumières ont produit de plus grand en philosophie, combien étoit profond chez Bacon le principe qu'on transformoit en idée superficielle, ou affectée chez ce grand homme.

« On peut (dit-il) comparer la science aux *eaux*, dont les unes procèdent comme du ciel, et les autres émanent de la terre. C'est ainsi que la division première des *sciences*, doit dériver de leurs *sources*; dont l'une est d'*en haut*, et l'autre *ici-bas*. Toute *science* en effet, reçoit une double *information*; l'une est *divinement inspirée*, l'autre procède des *sens*. La *science* acquise par cette dernière voie, est *cumulative* et non *originale*; comme il arrive aussi à l'égard des *eaux*, qui, outre leurs sources premières, s'accroissent par les ruisseaux qui viennent s'y joindre.

« D'après cette considération, nous diviserons d'abord la SCIENCE en deux parties, la THÉOLOGIE et la PHILOSOPHIE. Mais nous n'entendons ici par THÉOLOGIE, que celle qui est *inspirée* : c'est-à-dire la THÉOLOGIE SACRÉE, et non la *théologie naturelle*, dont nous parlerons bientôt. Quant à la THÉOLOGIE SACRÉE, nous en ferons le dernier objet de notre ouvrage, comme étant le port, le lieu de repos de toutes les contemplations humaines.

« La PHILOSOPHIE a trois objets : *Dieu*, la *nature*, et l'*homme*. Les *rayons* par lesquels ces objets parviennent à l'entendement, peuvent être considérés comme de trois genres. La *nature* seule, le frappe par des *rayons directs* ; *Dieu*, à cause du *milieu inégal*, savoir les *créatures*, le frappe par un *rayon réfracté* ; et quant à l'*homme*, il s'observe lui-même par un *rayon réfléchi*. Il convient donc de diviser la PHILOSOPHIE en trois *doctrines* ; celles de la *divinité*, de la *nature*, et de l'*homme*.

« Cependant, ces parties distinctes de la SCIENCE, n'étant pas comme diverses *lignes* semblables qui aboutissent à un même point ; mais plutôt comme les *branches* d'un arbre qui se réunissent à un même *tronc*, et ce
tronc

tronc étant entier pendant un certain espace, avant que de se diviser en branches ; la nature de la chose demande : qu'avant de suivre les parties de la première division, nous ayons en vue une *science universelle* ; qui seroit comme la mère des autres, et les réuniroit toutes dans une partie du chemin, avant qu'elles se séparassent et divergeassent. Il faut un nom à cette SCIENCE ; ainsi nous la nommerons PHILOSOPHIE PREMIÈRE ; OU SAPIENCE ; puisque autrefois, sous ce dernier nom, étoit entendue *la science des choses divines et humaines.*

« La désignation d'une telle SCIENCE dans un plan général, ne peut se trouver sur le chemin d'aucune autre ; car elle leur sert plutôt de terme , étant pour ainsi dire en contact avec leur sommet. Cette science existe-t-elle ? J'hésite, mais je crois plutôt qu'elle doit être mise au rang des choses *à désirer.* On trouve à la vérité un certain mélange confus, une certaine masse indigeste, composée de *théologie naturelle* , de *logique* , d'un peu de *physique* quant aux principes, et de quelques notions de l'*âme,* arrangée en doctrine avec une certaine sublimité de mots, et placée au sommet des sciences, par des hommes qui

Tome. I.   M

aiment à s'admirer eux-mêmes. Quant à nous (déposant tout faste) la seule chose que nous ayons ici en vue, n'est que de désigner, sous le nom d'une SCIENCE, la case préparée pour recevoir les *principes* déduits des autres *sciences*; principes, non *particuliers*, mais tels qu'ils fussent déjà communs à plusieurs d'entr'elles ». BACON entre alors dans des détails sur la nature des *principes* qui devroient composer cette SCIENCE; il examine ce qui en a été dit; et n'y trouvant rien que de confus, indéterminé et mal dirigé, il finit ainsi le chapitre : « Voilà tout ce que nous pouvons dire de la PHILOSOPHIE PREMIÈRE, ou SAPIENCE, que nous n'avons pas rangée sans raison, entre les choses *à désirer* ».

14. La première grande division des *sciences* étant ainsi établie; et ayant réservé la THÉOLOGIE SACRÉE pour la dernière partie de cet ouvrage; BACON passe à la PHILOSOPHIE, et traite d'abord de la première des trois parties dans lesquelles il l'a divisée; savoir, la *théologie naturelle*. C'est ce qui fait l'objet du CHAP. II du même LIVRE; et je le traduirai en entier, parce qu'il est très-important au sujet général de la RELIGION.

« Ayant placé dit BACON dans son siége

élevé la *mère commune des sciences*; comme *Cybèle* jouissant d'une auguste lignée :

Omnes cælicolas, omnes supera alta tenentes;

venons à la première des trois parties de la PHILOSOPHIE, divisée déjà en *divine, naturelle* et de *l'homme*. La *théologie naturelle* peut en effet être considérée comme une *philosophie divine*; puisque c'est la *science*, ou plutôt l'étincelle de *science*, qui a Dieu pour objet; mais seulement autant qu'elle peut être acquise par les lumières de la nature, ou la contemplation des choses créées : elle est donc *divine*, quant à son objet; et en même temps elle est *naturelle*, en tant que la nature est supposée la seule source de ses informations.

« Les limites de cette science peuvent certainement être ainsi déterminées : elle va bien jusqu'à réfuter l'*athéisme*, le convaincre d'erreur, et à éclairer la loi de la nature; mais elle *ne s'étend point* jusqu'à *établir la* RELIGION. C'est pourquoi Dieu n'a point fait de *miracles* pour convertir les *athées*; parce qu'ils pouvoient remonter à lui par les lumières de la nature: mais il a fait des *miracles* pour convaincre les *idolâtres* et les hommes *supersti-*

tieux; parce que reconnoissant une divinité, ils étoient dans l'erreur, quant au culte qu'ils lui rendoient: la lumière de la nature ne pouvant servir à faire connoître, ni la *volonté* de Dieu, ni le *culte* qu'on doit lui rendre. On peut bien découvrir les pouvoirs et les talents d'un ouvrier en voyant ses ouvrages, mais non point l'ouvrier lui-même : ainsi les ouvrages de Dieu peuvent bien nous montrer sa toute-puissance et sa sagesse; mais nullement ce qu'il est. Les payens s'écartoient entièrement à cet égard de la vérité sacrée; car, après avoir fait du monde une image de Dieu, ils faisoient de l'homme une image du monde. Mais les *saintes lettres* n'élèvent nulle part le monde à l'honneur d'être l'image de Dieu; elles déclarent seulement qu'il est son ouvrage; et c'est l'homme, qu'elles disent être l'image de Dieu.

« On peut donc à la vérité démontrer par ses œuvres, que Dieu existe; qu'il gouverne les choses, qu'il est souverainement puissant, sage, prescient, bon, rémunérateur, vengeur, et qu'il doit être adoré : on peut encore, avec prudence, en conclure d'admirables vérités quant à ses attributs; surtout à l'égard du gouvernement et de l'économie de l'Univers; ce dont quelques auteurs se sont utilement occupés. Mais vouloir, d'après cette contemplation des choses naturelles, et les principes de la raison humaine, raisonner sur les mystères de la foi, les pénétrer, les trier, rechercher leur essence pour les persuader plus fortement, me paroît être une tentative peu sûre. *Donnez à la foi ce qui appartient à la foi.*

« Les payens eux-mêmes semblent avoir pensé ainsi, d'après leur célèbre fable divine de la *Chaîne d'or*, par laquelle, disoient-ils, *ni les hommes, ni les dieux, n'ont pu tirer Jupiter du ciel à la terre, mais Jupiter au contraire, a pu les tirer de la terre au ciel.* On tenteroit de même en vain d'abaisser les mystères de la *religion*, jusqu'à les mettre à la portée de notre *raison* pour les comprendre; ce qui convient à notre nature, c'est d'élever nos esprits vers le trône adorable de la vérité céleste.

« A l'égard de cette partie de la PHILOSOPHIE, la *théologie naturelle*, je suis loin de dire qu'elle soit restée inculte; je trouve plutôt qu'il y a eu de l'excès; et c'est ce qui m'a engagé dans cette *courte digression*, à cause des grands inconvénients, et des dangers dont

un tel excès menace, et la RELIGION, et la PHI-
LOSOPHIE : il en est résulté des hérésies dans
la première, et dans la dernière, des idées
fantastiques ou superstitieuses.

« Il en est différemment de ce qui concerne la nature des *anges* et des *esprits*; cette
partie de la *théologie naturelle* n'est, ni si im-
pénétrable, ni interdite. Au premier égard,
l'affinité de l'âme humaine, peut nous aider;
et au dernier, l'accès nous est comme ouvert.
Il est vrai, que nous trouvons ceci dans l'Écriture Sainte : *Que personne ne vous maîtrise,*
par l'humilité de l'esprit, et par le service des
anges; s'ingérant dans les choses qu'il n'a
point vues. Mais si l'on approfondit cet avertissement, on n'y trouvera que ces deux défen-
ses : l'une, d'accorder aux anges, l'adoration
qui n'est due qu'à Dieu; l'autre d'avoir à leur
égard des idées fanatiques, soit en les élevant
au-dessus de la condition de simples *créatures;*
soit en prétendant en avoir une connoissance
plus grande que nous ne sommes capables de
l'acquérir. Mais une recherche sage à leur
égard, pour s'élever vers leur nature, soit par
les échelons des choses sensibles, soit en les
contemplant dans l'âme humaine comme dans
un miroir, ne nous est point interdite.

« Il faut dire la même chose des *esprits im-mondes*, qui sont déchus de leur premier état. Tout commerce, sans doute, nous est inter-dit avec eux; tout emploi de leur influence, et à plus forte raison, tout culte à leur égard : mais l'étude de leur nature, de leur pouvoir, de leurs prestiges, non seulement d'après les passages de l'Écriture Sainte qui les con-cernent, mais par la raison et l'expérience, n'est pas la moins intéressante partie de la *sagesse spirituelle*. C'est ainsi que l'apôtre dit : *Nous n'ignorons pas les ruses de Satan*. En effet : il n'est pas moins permis de rechercher la nature des *démons* dans la *théologie natu-relle*, que celle des *poisons* dans la *physique*, et celle des vices dans la *morale*.

« Nous ne pouvons pas placer non plus cette partie de la *science*, concernant les *anges* et les *démons*, au rang de celles qui sont res-tées incultes; car elle a été tentée par beau-coup de gens : mais on peut reprocher à nombre d'entr'eux, de l'avoir fait avec vanité, superstition, ou par de frivoles subtilités. »

15. On voit clairement dans ce chapitre les idées de BACON sur ce que peut être la *théolo-gie naturelle*, sur ses limites et ses usages, et je me trouve heureux d'avoir toujours pensé

de la même manière, ce qu'on a pu voir dans mes ouvrages. Cette science, dit-il, est propre à réfuter les *athées*, et à les convaincre d'erreur. Or, qu'a été de tout temps un *athée?* — Un homme qui, trouvant répandue dans le genre humain la notion d'une *cause* intelligente de ce que les hommes observent au-dehors d'eux et en eux-mêmes, nie cependant l'existence d'une telle *cause*. Mais la simple négative ne prouvoit rien; il falloit entreprendre d'expliquer comment l'Univers existoit par lui-même. C'est aussi ce qu'ont fait les *athées*, et sous différentes formes: mais ceux qui connoissent suffisamment et leurs systèmes et l'Univers, sont toujours en état de les combattre et de les convaincre d'erreur s'ils sont de bonne foi.

16. Voilà à quoi se borne la *théologie naturelle* quant à l'existence même de Dieu; elle peut montrer, que les *athées* attaquent sans aucune raison la notion universelle de son existence. Les *théistes*, dis-je, trouvent cette *notion* généralement répandue, sans qu'ils puissent en découvrir d'autre origine que l'idée commune à toutes les nations, qu'une *cause première* s'est fait connoître aux hommes : ils reçoivent donc eux-mêmes cette idée par tradition; et

tout ce qu'ils peuvent y ajouter par la contemplation de la nature, c'est de trouver qu'elle est raisonnable, et que celle des *athées* est sans fondement. Mais s'ils n'eussent point eu cette première notion, accordant (quoique sans probabilité) que, privés d'une première *instruction*, les hommes eussent songé à étudier l'Univers en vue de son *origine*, et qu'ils fussent parvenus depuis un temps immémorial, aux connoissances que nous possédons aujourd'hui, par leur accumulation de siècle en siècle, tout ce qu'ils auroient pu découvrir par ce moyen, et qui n'est encore à la portée que de bien peu de gens, c'est que l'Univers a eu une *cause* quelconque *hors de lui-même :* mais jamais l'idée de cette *cause*, telle qu'elle nous est définie par la *révélation*, et que les théistes prétendent la *trouver*, n'auroit pu se présenter à leur esprit. C'est ce que je montrerai dans la suite.

17. La remarque de Bacon sur les *miracles,* est entièrement liée à ce sens. La masse des hommes n'ayant jamais perdu la *notion* d'une *cause première intelligente* qui s'est *révélée* aux premiers pères du genre humain; si la vanité de se distinguer du *vulgaire* n'avoit porté quelques hommes à regarder cette *no-*

tion comme fabuleuse, il n'auroit pas été nécessaire de chercher dans l'Univers des preuves
de l'existence de Dieu; car il n'y auroit jamais eu d'*athées*. Mais des hommes vains,
quoiqu'incapables de se rendre raison de
l'existence de l'Univers sans une telle *cause*,
l'ont rejetée comme inutile, avant que de savoir comment ils la remplaceroient; et ils ont
ainsi donné naissance à l'*athéisme*, enfant de
leur imagination présomptueuse. Ainsi, à
l'égard de tels hommes, il suffisoit qu'ils re-
tournassent en arrière dans leurs propres pensées, pour revenir à la *notion* commune du
genre humain, d'une *cause* distincte de l'*Univers*, qui l'avoit formé, et s'étoit manifestée
aux hommes; *notion* à laquelle ils n'avoient
rien pu substituer, ni pour expliquer ce qu'ils
observoient; ni pour imposer aux hommes
les devoirs de la justice, sans lesquels la société n'auroit pu se former. Aussi, jusqu'à
ces derniers temps, les *athées* n'avoient-ils
été qu'une petite secte, dont l'existence étoit
même révoquée en doute par bien des gens, et
pour laquelle Dieu n'a pas jugé à propos de
faire des *miracles*.

18. Mais il n'en est pas de même de l'*ido-
lâtrie*, parce que sa source étoit très-diffé-

rente. Avec le temps, les *traditions* des premiers hommes sont altérées, et des nations entières étoient tombées dans l'erreur, tant sur la *nature* de *l'Être Suprême*, qu'elles continuoient de reconnoître vaguement, que sur sa *volonté* à l'égard des hommes, et sur le *culte* qui devoit lui être rendu. Si l'examen fait par quelques anciens philosophes des *superstitions* de leurs contemporains, leur avoit fait découvrir qu'elles n'étoient qu'une écorce enveloppant quelque grande vérité ; ils n'avoient été en état, ni de fixer cette vérité, ni de la démontrer par la nature ; parce qu'ils ne connoissoient que très-peu celle-ci. Voilà donc ce qui rendoit de nouveau des *miracles* aussi essentiels que pour la première promulgation de ces instructions. La bonté divine y a donc pourvu suivant sa souveraine sagesse, que les hommes ne peuvent pénétrer que bien rarement. Moïse et les *prophètes*, revêtus du pouvoir des *miracles*, ramenèrent d'abord les Israélites à la pureté des *instructions* que Dieu avoit données aux premiers hommes ; ils y en ajoutèrent de nouvelles, et au temps marqué par les déclarations précédentes, Jésus-Christ est venu pour répandre ces instructions chez tous les peuples, en les étendant aux nouveaux besoins de l'humanité. C'est-là, comme on le verra successivement, le commentaire que BACON donne lui-même, de ce qu'il n'a dit qu'en abrégé dans ce chapitre.

19. Il en est de même de ce qu'il y dit ensuite, que, par la *lumière de la nature*, on peut reconnoître en grande partie, les *attributs* de la divinité. Car ces *attributs*, qui avoient aussi été *révélés* aux premiers hommes, ne s'étoient poient entièrement effacés de leur souvenir; à la *sainteté* près, qui, plus contraire à la dépravation humaine, avoit porté les payens à dégrader leurs *dieux*, jusqu'à leur attribuer les passions et les vices qu'ils aimoient. Cependant, ils ne cessèrent pas de reconnoître ces dieux comme souverainement puissants, prescients, rénumérateurs, vengeurs, gouverneurs du monde, voulant être adorés et apaisés par des *expiations*; de sorte qu'il ne fut pas difficile aux anciens philosophes, lorsque, perçant le voile de ces superstitions, ils vinrent à en déduire l'idée simple d'un ÊTRE auquel l'Univers devoit son existence, de comprendre en même temps qu'il devoit être exempt de *vices*; mais ils ne pouvoient que tâtonner sur sa *volonté*: aussi ne s'accordèrent-ils point; et l'on verra BACON

professer plus positivement encore qu'il ne le fait ici, que la *théologie naturelle* ne peut enseigner la *volonté* de Dieu. Mais il n'en est pas de même pour ceux qui ont été instruits par les *révélations*, et qui, soit juifs, soit chrétiens, croyant pouvoir s'en passer, en conservent néanmoins les idées; car lorsqu'ils pensent être remontés à Dieu par la *seule lumière de la nature*, et qu'ils cherchent à en conclure sa *volonté*, ils ont néanmoins présent à l'esprit ce qu'enseigne la *révélation* à cet égard, et ils en composent leur *théologie*; mais c'est toujours, ou le plus souvent du moins, avec des exceptions pour quelque passion favorite.

20. Je ne doute pas que les *nouveaux philosophes*; les *esprits forts* (comme les désigne EULER en parlant du même objet), ne placent au nombre des *foiblesses* de BACON, d'avoir traité des *anges* et des *démons* dans ce chapitre. Il en sera sans doute de même de quelques prétendus chrétiens de nos jours, qui, par leur *Exégèse*, ou interprétation de l'Écriture Sainte, en font disparoître, non seulement les *esprits*, mais toute *inspiration*; l'*histoire* qu'elle renferme ne faisant plus pour eux partie de la *religion*, ils l'interprètent à

leur gré. Mais ni les idées, ni les sentiments de BACON ne participoient à ce délire; il étoit chrétien éclairé, et par-là convaincu de *l'inspiration de l'Écriture Sainte*, comme on le voit sans exception dans tous ses ouvrages. Il admettoit donc un *monde d'esprits*; des *êtres raisonnables* qui, par leur nature, échappoient à l'observation des hommes; à moins que par la volonté, ou la permission de Dieu, ils ne révêtissent une forme sous laquelle ils pussent les apercevoir : *notion* encore qui est aussi ancienne que le genre humain; parce que c'est du ministère des *anges* que l'Être Suprême se servit le plus souvent pour manifester sa volonté aux hommes; et parce que ce fut aussi un des *anges* déchus de leur pureté originelle, qui entraîna ADAM dans sa chute; ce que les payens retenoient confusément.

21. BACON se trouvant donc autorisé par l'Écriture Sainte (qui est toujours sa règle), et en particulier par le Nouveau Testament, à s'occuper de la doctrine des *anges* et des *démons*, en pose la base suivant sa méthode générale. La *raison* n'a rien à opposer à cette doctrine; parce qu'elle ne sauroit trouver aucun argument pour soutenir la non existence de pareils êtres; et elle en trouveroit, au con

traire, de leur existence, dans l'enrichisse-
ment de la nature. BACON voulant ici, comme
pour toutes les parties des sciences, que l'on
commençât par *l'histoire*, pose comme faits
tout ce que dit l'Écriture Sainte des *anges* et
des *démons* ; dans les temps où ces *êtres*
avoient une plus grande influence dans les
-affaires des hommes, ou plutôt peut-être,
dans les temps où, par l'intervention immédiate du pouvoir divin, leur influence étoit
manifestée, dans des cas où les hommes ne
sont pas en état de la discerner immédiatement. C'est pour cela que BACON trouve raisonnable d'examiner les faits fournis par l'*expérience* ; dans des cas analogues à ceux où
l'Écriture Sainte nous manifeste l'influence
que les *anges* ou les *démons* ont eu sur les
hommes; ce qui peut fournir l'explication de
bien des phénomènes *moraux*. Il trouve encore raisonnable, qu'en examinant les modifi-
tions des corps sensibles, celles de l'*âme*, et
ses rapports dans l'homme avec son corps, on
cherche à se former une idée des *anges* et des
démons, comme capables quelquefois d'appa-
roître aux hommes. Mais il ne veut pas qu'on
se livre à cet égard, ni à la crédulité, ni à la
superstition, non plus qu'à ce que des cir-

constances possibles, quoiqu'inconnues à la
plupart des hommes, pourroient mettre au
pouvoir de quelques-uns, par les tentations
des *esprits immondes*, ou des *anges dégra-
dés*. Il veut qu'on ne procède dans cette recherche, comme dans toute autre, qu'en
partant d'abord de *faits* avérés et bien cir-
constanciés, et qu'on ne s'élève à une théorie
générale, que par voie d'*inductions* légitimes.
C'est avec toutes ces précautions qu'il regarde
cette recherche comme n'étant pas la partie la
moins intéressante de la *science des esprits*;
et il n'y a jamais aucun danger d'erreur quand
on suit ses règles.

22. Je résumerai maintenant ses remarques
sur le chapitre de la *théologie naturelle*, et ce
sera sous un point de vue général. Si BACON
eût considéré cette *théologie* comme indépen-
dante de toute idée répandue dans le genre
humain sur une *révélation*, s'il eût pensé que,
sans aucun secours qu'une *lumière* supposée
naturelle, les hommes auroient été capables
de s'élever jusqu'à la connoissance de Dieu, de
ses *attributs*, de sa *providence* et de sa *volonté*
à l'égard des hommes, de même qu'à celle
d'*êtres raisonnables* d'une classe ordinairement imperceptible à l'*homme* : mettant alors

à

à part toutes les idées procédantes de la *révélation*, il en auroit fait de même de toute idée de *théologie* au commencement de sa marche, dans laquelle ce chapitre n'est qu'un épisode ; et on le verra bientôt condamner lui-même ces anticipations de jugement.

23. Comment en effet, pourroit-on, par la RAISON seule, remonter à une *première cause de tout*, autrement que par l'échelle des *causes* qui agissent dans l'*Univers?* Or c'étoit cette *échelle* même, que BACON entreprenoit seulement de commencer, parce qu'il ne trouvoit pas qu'on y eût fait aucun progrès ; et il est bien évident qu'il n'espéroit, ni de donner encore lui-même, ni qu'on pût trouver dans la suite, une *échelle* continue qui conduit jusqu'à ces grands objets, puisque dans sa première division de toutes les *sciences*, il présente la THÉOLOGIE SACRÉE comme un *port*, un *lieu de repos de toutes les contemplations humaines;* port auquel il arrive enfin dans le IXeme et dernier LIVRE de cet ouvrage, après en avoir fait sentir partout le besoin.

24. Aussi ne nomme-t-il qu'une *digression*, ce qu'il dit de la *théologie naturelle;* et c'est principalement pour indiquer l'abus

qu'on a fait de cette expression. Dans toutes les considérations qui composent ce chapitre, et en particulier dans ce qui regarde la réfutation des *athées*, il n'emploie jamais l'expression *lumière naturelle* (lumen naturale); mais celle de *lumière de la nature* (lumen naturœ): deux expressions que l'on confond souvent, et dont la ressemblance vague a fait naître chez plusieurs personnes une de ces *idoles*, qu'il désigne particulièrement dans l'*Aphor.* LX, *du* LIVRE I du *Novum organum*, comme naissant des *mots* équivoques. Il ne pouvoit en effet reconnoître aucune *lumière naturelle*, *lumière*, veux-je dire, appartenant à l'homme par sa nature même; puisque l'une des conditions qu'il mettoit à ce qu'il existât enfin une vraie *philosophie naturelle*, étoit d'empêcher l'esprit humain de ne rien *mêler* de sa propre *nature* aux impressions qu'il recevoit des *objets (Instauratio magna, Distributio operis, pars II)*; de le *rendre comme une table rase (Cogitata et visa*, pensée 18). Il recommandoit partout, comme on l'a encore vu ci-devant, qu'on tint toujours distinctes les idées reçues par la *révélation*, de celles qu'on pourroit acquérir par la *nature*; de peur que ces dernières, avant que d'avoir acquis de la certitude, ne répandissent de l'obscurité sur les premières, qui sont d'une importance absolue pour les hommes, comme formant une *philosophie* sûre et *permanente* qui leur suffiroit, sans leur disposition aux *recherches* : et on le verra en particulier, quand il traite des *causes finales*, condamner, par des raisons très-solides, toute anticipation de jugement, même dans ce qui concerne seulement l'existence d'une CAUSE PREMIÈRE.

25. Mais le cas est bien différent quand il s'agit des *athées*, et on peut les réfuter long-temps avant d'avoir atteint le point auquel BACON aspiroit. J'avois déjà développé la même idée dès mon premier ouvrage de géologie, et je vais répéter ici mon raisonnement, qui rentre dans celui de BACON. C'est en entreprenant de DÉMONTRER trop tôt l'existence de Dieu par la nature, qu'on a donné de la force aux *athées*, et autorisé les *sceptiques*. Car, en toutes choses, la *démonstration* exige de grandes lumières, outre les talents pour les mettre en œuvre; et comment pouvoit-on entreprendre de *démontrer* ainsi l'existence de Dieu, tandis qu'on n'avoit pas la moindre connoissance des *causes* qui agissent dans

l'Univers? C'est ainsi que les simples *théistes* ou *déistes* (car la différence de ces deux désignations n'est pas bien fixée); je veux dire ceux qui ont prétendu trouver Dieu par les lumières seules de la *nature*; ont produit beaucoup de mal : ils ont pris sur eux l'*onus probandi*, comme ils le devoient dans leur système, et ils n'étoient pas en état de porter ce *fardeau*. Il est facile , pour les hommes attentifs et pénétrants, de trouver le vice des raisonnements mal - fondés. C'est ce qu'ont montré les *sceptiques*, plus logiciens que ces *théistes inconsidérés;* et sans remonter aux anciens, c'est-là le seul avantage qu'aient eu les BAYLE, les BOLINGBROKE, les SHAFTSBURY, les HUME et leurs semblables tant passés qu'actuels.

26. C'est donc la présomption qui a ainsi interverti l'état naturel des choses. On a méprisé les *idées vulgaires*; on a voulu montrer sa sagacité : *(Homines qui se ipsos admirari amant,* comme dit BACON, en parlant du même objet, dans le chap. I de ce LIVRE): on a, dis-je, voulu, en se confiant à ses propres lumières, trouver la *cause première de tout,* et si quelquefois, en suivant cette route, on est demeuré à l'*idée vulgaire* du

théisme ; des hommes moins faciles à se contenter, sont passés au *scepticisme*, et les plus hardis sont allés jusqu'à l'*athéisme*. Il falloit bien du temps, pour que l'accumulation des lumières réelles formât des hommes capables d'établir des propositions positives, inattaquables par ces deux dernières classes, en démontrant que l'Univers n'avoit pas en lui-même les causes de son existence ; or on n'y étoit pas encore parvenu au temps de BACON, mais il travailloit à ce qu'on pût y arriver.

27. Dans l'état naturel de cette question, qu'on a ainsi malheureusement interverti, *l'athéisme* n'auroit jamais pu se soutenir contre la raison éclairée ; car, je le répète, quel étoit cet état ? La notion d'une CAUSE PREMIÈRE INTELLIGENTE étoit répandue de tout temps dans le genre humain, non comme *trouvée* par les hommes, mais comme leur ayant été *révélée* par cette *cause* elle-même. Les *athées* étant les agresseurs, l'*onus probandi* leur incomboit ; car leur refus de croire n'étoit rien ; il falloit qu'ils *démontrassent* que l'Univers avoit pu exister sans cette CAUSE. Or dans tous les temps, à mesure que les connoissances augmentoient, elles se trouvoient communes aux défenseurs du *théisme* et aux *athées*, par

où les premiers ont toujours pu, en analisant les arguments des derniers, prouver qu'ils étoient sans fondement. C'est en prenant la route de la *démonstration* directe avant que de le pouvoir, qu'on a perdu cet avantage : les *sceptiques* ont tenu le milieu entre ces *théistes rationnels* et les *athées ;* parce qu'ils pouvoient *démontrer*, qu'on ne *prouvoit* rien de part ni d'autre.

28. Les *athées* eux-mêmes sentoient bien à quoi l'on en étoit à cet égard ; ils comprenoient, dis-je, que tant que les hommes resteroient persuadés qu'un ÊTRE SUPRÊME s'étoit révélé au genre humain, ils ne s'occuperoient point de spéculations sur son existence ; que le doute même à cet égard leur déplairoit, et qu'ainsi on ne les engageroit point dans les arguments subtils de l'*athéisme* ou du *scepticisme*. Et en effet, ces déplorables autant que chimériques systèmes, ne régnoient encore que parmi les hommes livrés aux spéculations, et chez les gens vicieux qui les écoutoient avec plaisir, lorsque de premières lueurs en *géologie*, mal interprêtées par quelques-uns de ceux qui s'occupoient d'histoire naturelle, leur firent croire et publier que la GENÈSE étoit une *fable*. Alors les *sceptiques* et les

athées chantèrent *victoire*; car ce *théisme*, qui n'étoit fondé que sur les *lumières de la nature*, n'eut plus seul la force de se soutenir. C'est ce qui a si malheureusement distingué la fin du siècle passé; mais j'espère en la bouté de Dieu, que ce mal ne durera pas; et BACON aidera à nous ramener à l'ancien état des choses, avec moins de possibilité de l'ébranler.

29. Repassons maintenant la route que nous avons déjà suivie avec ce grand homme; afin de voir plus clairement celle où nous devons maintenant entrer avec lui.

Dans le Ier. LIVRE de son ouvrage *de Dignitate et Augmentis Scientiarum*, il montre la *dignité* et les *avantages* de la SCIENCE, pourvu qu'elle soit bien dirigée; et il propose des règles générales pour en éviter les défauts.

Dans le *chap.* 1, du LIVRE II, il divise la SCIENCE en trois parties, l'*histoire*, la *poésie* et la *philosophie*, suivant les trois facultés de l'*âme rationnelle*, la *mémoire*, l'*imagination* et la *raison*. Il embrasse aussi dans cette division, la *théologie sacrée*; parce qu'elle a son *histoire*, qui contient les faits; ses *paraboles*, qui sont une *poésie sacrée*, et ses *dogmes et*

N 4

préceptes, qui forment une *philosophie permanente*.

Au *chap.* II du même LIVRE, il divise d'abord l'*histoire* en deux parties générales, sous les noms d'*histoire naturelle*, et d'*histoire civile*; la première, renfermant tous les faits qui concernent la *nature*, et la dernière, tous ceux qui regardent l'*espèce humaine*. Et en conséquence de la remarque du chapitre précédent, il range les *objets divins* sous ces deux classes; plaçant dans l'*histoire naturelle* les faits relatifs à l'action de Dieu sur la *nature*, et dans l'*histoire civile*, ceux qui concernent son intervention à l'égard des *hommes*. Quant à l'*histoire naturelle* ainsi définie, elle a trois objets distincts : la nature *libre*; c'est-à-dire, ayant son cours ordinaire, sans intervention des hommes : la nature *contrariée* en elle-même; c'est-à-dire, sortant de son cours naturel, par des causes indépendantes aussi des hommes : enfin, la nature *contrainte* par l'homme. Sous ce point de vue, toujours concernant les effets ou *phénomènes*, BACON place dans l'*histoire naturelle*, avec la simple *observation*, les résultats des *arts* et de la *physique expérimentale*; parce que ses résultats sont immédiatement des effets des *causes phy-*

siques, quoique les *circonstances* en soient arrangées par des hommes.

Le *chap.* III divise en deux classes générales les usages de l'*histoire naturelle* ainsi définie : l'une, qui a pour objet la *connoissance* immédiate des *choses*, et leurs usages pour la commodité de la vie ; l'autre, qui doit préparer les *premiers matériaux* de la *philosophie* : et comme celle-ci doit être produite par l'*induction*, après avoir donné à la première de ces classes le nom d'*histoire narrative*, il nomme la dernière *histoire inductive ;* puis il montre que comme l'*histoire narrative* étoit trop incomplète et trop mêlée d'erreurs pour qu'on eût pu tenter même encore une *histoire inductive*, il ne pouvoit exister aucune *philosophie* réelle. Enfin, il fixe cinq objets généraux, comme appartenant également à chacune de ces *histoires ;* à l'une, pour en rassembler les *phénomènes*, à l'autre, pour les classer de manière qu'on pût en tirer des *inductions* sûres ; ces cinq objets sont : les *corps célestes*, les *météores*, les *terres* et les *mers*, les substances *communes* à tous les corps (ou les *éléments*), et les *espèces des êtres*.

Le *chap.* I du LIVRE III embrasse toutes les *sciences* sous deux points de vues, la

THÉOLOGIE SACRÉE et la PHILOSOPHIE. Cette dernière a trois objets; *Dieu, la nature,* et *l'homme.* Par-là se présentent trois doctrines; celle de la *divinité* ou la *théologie naturelle;* celle de la *nature,* et celle de l'*homme* lui-même. BACON donne ici à la SCIENCE qui renfermeroit les *principes* les plus généraux de ces trois branches, déjà combinés entr'eux, le nom de PHILOSOPHIE PREMIÈRE *ou* SAPIENCE.

Enfin, le *chap.* II de ce même LIVRE, le dernier de ceux dont j'ai parlé, traite de la *théologie naturelle;* non *dogmatiquement,* mais par de simples considérations liées à la à la THÉOLOGIE SACRÉE, que BACON réserve pour la dernière partie de ce même ouvrage.

30. Nous sommes maintenant prêts à entrer avec BACON dans le champ de la *philosophie naturelle;* la seule que les hommes, déjà doués d'un langage et vivant en société, pussent acquérir par eux-mêmes, en observant la nature. C'est ici un objet bien digne d'attention. Car si les hommes eussent pu s'occuper de ces recherches, et posséder ainsi un *langage,* sans néanmoins avoir encore aucune connoissance de la divinité (hypothèse gratuite et très-improbable), la *nature* étoit la seule route par laquelle ils auroient pu ten-

ter de remonter à une *première cause de tout*. L'introduction à cette *philosophie*, dont les hommes sont supposés ici ne s'occuper que par les seules facultés, est l'objet du *chap.* III du même LIVRE, que je traduirai en entier, parce qu'il est fort court.

« Laissant donc maintenant la *théologie naturelle*, à laquelle nous avons donné comme *appendice*, les recherches sur les *esprits ;* venons à la seconde partie désignée : celle qui concerne la *nature*, ou la *philosophie naturelle*.

« DÉMOCRITE a très-bien dépeint la *science de la nature*, en disant *qu'elle étoit cachée au fond des mines* ou des *puits*. D'un autre côté, les chymistes n'ont pas eu grand tort, quand ils ont dit : *que Vulcain étoit une seconde nature , parce qu'il pouvoit produire très-promptement , des choses auxquelles la nature emploie beaucoup de temps et de circuits*. Pourquoi donc ne pourrions-nous pas diviser la *philosophie* en deux parties, les *mines* et les *fourneaux ?* et ne distinguerions-nous pas les *philosophes*, quant à leurs fonctions, en ouvriers des *mines* et des *forges ?*

« Quoiqu'il puisse paroître que ce n'est-là qu'un jeu, il n'en est pas moins vrai, qu'une division de ce genre nous paroît très-utile : ainsi nous la proposerons en des termes simples et scholastiques, par une division de la *science de la nature*, en *recherche des causes*, et *production d'effets*, soit en *spéculative*, et *opérative* : l'une sondant les *entrailles* de la nature ; l'autre, la mettant comme sur l'*enclume*, pour l'obliger à revêtir certaines formes. Il ne nous échappe point, qu'il y a une liaison très-intime de *cause* à *effet ;* tellement que, dans l'explication des choses, ces deux objets se joignent nécessairement par bien des points. Néanmoins, puisque toute *philosophie naturelle*, solide et fructueuse, doit avoir comme deux *échelles* distinctes, l'une ascendante qui conduit des *expériences* aux *principes*, l'autre descendante des *principes* à de nouvelles *découvertes ;* je pense très-convenable que ces deux parties, la *spéculative*, et l'*opérative*, soient distinctes, tant dans le plan, que dans l'exécution de ce traité ».

31. Le champ se trouve maintenant resserré sur un seul objet, la *philosophie spéculative*, qui, partant des *phénomènes*, doit s'élever par degrés à leurs *causes* de plus en plus reculées, et ainsi de plus en plus géné-

rales dans la nature. Tout ce qui a précédé
dans le travail de BACON, n'a été destiné qu'à
déblayer la route, classer les objets, et nous
amener à cette entrée de la *philosophie naturelle*, savoir la *philosophie spéculative*,
dans le sens défini. Quant à la *philosophie
opérative*, elle doit se former successivement
de celle-là, c'est-à-dire, qu'à mesure qu'on
a découvert sûrement quelque *cause* dans la
nature, on peut travailler à la diriger vers
quelques vues particulières pour les arts et
les usages de la vie, et surtout on doit s'aider de sa lumière pour redescendre dans d'autres branches de *phénomènes*, où elle peut
manifester de nouvelles *causes*. C'est donc
sur l'échelle philosophique *ascendante*, que
nous devous fixer maintenant notre attention;
car c'est ici que BACON trace ces *routes*, si généralement célébrées, et cependant si peu
suivies.

32. Le CHAP. IV du même LIVRE, ouvre
cette grande scène; il est trop long, pour
l'introduire ici en entier; mais j'en traduirai
tout ce qui m'a paru nécessaire pour donner
une idée distincte de l'entrée de ces *routes*.

« Nous croyons (dit BACON) devoir diviser cette partie de la *philosophie naturelle*,

qui est spéculative et théorique, en *physique spéciale*, et *métaphysique*. Mais qu'on fasse attention, que nous employons le mot *métaphysique* dans un sens fort différent de celui qu'on lui assigne communément. Ici, nous commencerons d'avertir de notre plan général, quant à l'usage des *mots* : c'est que, tant pour ce mot *métaphysique*, que pour tous ceux où notre manière de concevoir et nos notions sont nouvelles, ou différentes de celles qui sont reçues, nous ne conserverons pas moins les anciens mots : espérant que l'ordre même des choses, et les explications claires que nous nous efforcerons d'y joindre, nous garantiront d'une interprétation vicieuse des mots dont nous ferons usage. Nous désirons aussi (tant que cela se pourra, sans préjudice de la vérité ou des sciences) de nous écarter très-peu des opinions, comme du langage des anciens. » (Ici il blâme ARISTOTE, de son affectation de *néologismes*).

« Revenons à notre acception du mot *métaphysique*. On a pu voir, d'après ce dont nous avons traité jusqu'ici, que nous séparons la *métaphysique* de la PHYSIQUE PRE-MIÈRE, qui jusqu'ici a été confondue avec elle. Nous avons considéré celle-ci, comme la *souche commune de toutes les autres sciences*, et nous ne considérons la *métaphysique*, que comme une partie de la *philosophie naturelle*. Nous avons assigné entr'autres à la PHILOSOPHIE PREMIÈRE, les principes les plus généraux tirés de toutes les *sciences ;* de même que les *conditions*, relatives ou adventives des êtres (*conditions* que nous avons nommées *transcendantes*); telles que, *beaucoup, peu ;* le *même, différent ; possible, impossible* et autres choses pareilles ; faisant seulement attention à ceci : qu'il ne s'agit que de sens *physique* et non *logique*. Quant aux recherches relatives à *Dieu, unique et bon*, aux *anges* et aux *esprits*, nous les rapportons à la *théologie naturelle*. On demandera avec raison : qu'est-ce donc qui reste pour la *métaphysique ?* Rien certainement *hors* de la nature ; mais, *en elle*, ce qu'il y a de plus éminent. On peut dire à la vérité, d'après ces termes généraux, que les anciens ne s'éloignoient pas de la même idée : ils assignoient à la *physique*, les choses entièrement plongées dans la *matière* et changeantes ; et à la *métaphysique*, les choses plus abstraites et plus constantes. La *physique* encore, selon eux, n'embrassoit que l'existence, le mouvement et la nécessité naturelle ; au lieu que la *métaphysique* embrassoit aussi, l'esprit et la pensée : à quoi peut-être penseroit-on que peut se réduire ce que nous avons dit. Mais écartant toute sublimité et obscurité de mots, nous dirons simplement : que nous divisons la *philosophie naturelle*, en *recherche des causes*, et *production d'effets* ; et que nous avons nommé *théorie*, la recherche des *causes* ; divisant celle-ci, en *physique* et *métaphysique*. Ainsi, la vraie différence de ces deux dernières, doit être déduite de la nature des *causes* dont elles s'occupent. C'est pourquoi nous dirons, (sans obscurité ni détours) que la *physique* s'enquiert des *causes efficientes* et de la *matière* ; et la *métaphysique*, des *formes* et des *fins*.

« La *physique* ne s'occupe donc pas des causes *constantes* ; mais seulement des *causes* modifiées par la nature des sujets. Ainsi : le *feu* est bien une *cause* de *dureté* ; mais c'est pour l'*argile* : le *feu* est aussi une *cause* de *liquéfaction*, mais c'est pour la *cire*, et autres corps analogues à cet égard.

« Nous diviserons aussi la *physique* en trois doctrines ; d'abord, parce que la nature est, ou rassemblée sous une *unité*, ou *éparse*. —

La

La nature peut être considérée comme rassemblée sous une certaine *unité* ; ou par des *origines* communes des choses , ou par la fabrique totale de l'univers. De sorte que, sous ce point d'*union* de la nature, la *physique* se divise en deux parties ; l'une concernant l'*origine des choses* ; l'autre, l'*ensemble de l'Univers* , ou le *monde* : ce que nous nommons la doctrine des *ensembles*. — La troisième doctrine ; c'est-à-dire, celle de la nature *éparse*, ou *répandue*, embrasse toutes les *variétés* des choses , ou les *ensembles mineurs*. Il suit delà , que la *physique* est entièrement renfermée sous ces trois doctrines ; — De l'*origine des choses*, — du *monde*, c'est-à-dire, de l'*arrangement* général des choses — et de la nature *divisé* ou *éparse* ; ce que nous avons dit renfermer toutes les *variétés* des choses , et qui forme ainsi comme un vocabulaire, ou comme les premiers rudiments dans l'interprétation de la nature. Toutes ces doctrines ont été tentées ; mais ce n'est pas ici le lieu de dire quel en a été le succès.

« La *physique éparse*, celle qui traite de la variété des choses, se divise encore en deux parties ; la physique des choses *concrètes* et celles des *natures* ; l'une (suivant l'expres-

sion des logiciens) recherche les *substances*,
dans toutes les variétés de leurs *accidents ;*
l'autre considère les *accidents*, dans toute
la variété des *substances*. Par exemple : si
l'on fait des recherches sur le *lion* ou le *chéne ;*
nombre d'*accidents* ou de circonstances viendront s'y réunir : mais si au contraire on fait
la recherche sur des *accidents*, tels que la
chaleur, la *gravité*, il faudra les considérer
dans le nombre de *substances*. Or comme
toute partie de la *physique* est intermédiaire
entre l'*histoire naturelle* et la *métaphysique ;*
si l'on y fait attention, on verra, que la première de ces deux parties est plus près de
l'*histoire naturelle*, et la dernière de la *mé-*
taphysique.

« La physique des choses *concrètes*, est
soumise à la même division que l'*histoire*
naturelle ; c'est-à-dire, que ses objets sont
aussi, les *corps célestes*, les *météores*, les
terres et mers, les *éléments* (ou *colléges*
majeurs) et les *espèces* (ou *colléges mineurs*) ;
embrassant aussi les *écarts* de la nature, et les
choses *mécaniques*. Sur tous ces objets, l'*his-*
toire naturelle recherche et rassemble les
faits, les *phénomènes ;* et la *physique* les reprend, pour en chercher les *causes* : mais

il ne s'agit encore que de causes *éparses*, *variables* (*causæ fluxæ*); c'est-à-dire, de la *substance*, et de la cause qui *agit* sur elle, (*Materia* et *efficiens*).

« Entre ces parties de la *physique*, celle qui concerne les *corps célestes*, se trouve entièrement pauvre et imparfaite; quoique par la noblesse et l'importance de son objet, elle dût être un des principaux sujets de recherche pour les hommes. L'astronomie n'est pas mal établie quant aux *phénomènes* : cependant; elle n'est pas même absolument solide à cet égard, qui n'en est encore que la partie inférieure. Quant à l'*astrologie*, elle manque de fondement à nombre d'égards. L'*astronomie* telle qu'elle est, ne présente à l'entendement qu'un objet semblable à la victime que Prométhée essaya d'offrir à Jupiter; lorsqu'au lieu d'un *bœuf*, il lui présenta la *peau* empaillée d'un grand et bel animal de cette espèce. Cette *astronomie* ne présente de même que comme la *peau* du ciel artistement arrangée; c'est-à-dire, les choses *extérieures* ; telles que le nombre, les positions, les mouvements, les périodes des astres; mais elle n'en découvre point l'*intérieur* ; c'est-à-dire, les *causes physi-*

ques, qui, avec les *hypothèses astronomiques*, pussent former la *théorie*, non des *phénomènes* seulement (car il peut y en avoir plusieurs aussi ingénieusement inventées), mais de la substance, du mouvement et de l'influence des corps célestes, d'après des inductions solides ». (Ici vient une très-longue discussion d'objets sur lesquels nous avons beaucoup plus de connoissances qu'on n'en avoit au temps de Bacon).

« Quant à la *métaphysique*, nous lui avons, comme on l'a vu, assigné les causes *formelles* et *finales*. La première de ces parties, les *causes formelles*, ou les *formes*, paroît avoir été tentée vainement ; puisque l'opinion a prévalu, et s'est même invétérée, que l'essence des *formes*, ou les vraies *différences* des choses, étoient au-dessus de toute recherche des hommes. Par-là néanmoins on accorde, que si la découverte des *formes* étoit possible, ce seroit la plus éminente partie des sciences. Et quant à ce qu'on imagine de l'impossibilité ; il y a des hommes qui s'embarquent pour les recherches avec si peu de connoissances et de courage, que dès qu'ils ne voyent plus que la terre et le ciel, ils ne veulent pas croire qu'il y a des terres au-delà. Mais il est évident que PLATON, homme d'un génie sublime, qui embrassoit tous les objets comme d'une roche élevée, a vu, dans sa doctrine des idées, que les *formes* étoient le véritable objet de la science ; quoiqu'il ait perdu le fruit de ce jugement très-vrai, en ne contemplant et ne s'efforçant de saisir que des *formes* distinctes de la *matière* et non déterminées dans la *matière* elle-même ; ce qui le jetant dans des spéculations *théologiques*, a vicié toute sa philosophie naturelle. . . .

« On pourroit perdre sans peine, si l'on cherchoit la *forme* (soit la *nature essentielle*) du *lion*, du *chêne*, de l'*or*; même de l'*eau*, ou de l'*air*. (*) Mais quant à la recherche de la *forme*; par exemple, du *dense* et du *rare*, du *pesant* et du *léger*, du *chaud* et du *froid*, du *tangible*, du *pneumatique*, du *volatil*, du *fixe*, et autres choses semblables (soit *accidents* des *substances*); tant à l'égard des *configurations* que des *mouvements*; ce dont nous avons parlé en déterminant les

---

(*) On verra dans la suite, que quant à l'*eau* et à l'*air*, il en a fait des objets de recherches très-profondes, qui ont ouvert la route pour parvenir à la connoissance de leur *forme* ou *nature*.

fonctions de la *physique*, et que nous avons nommé *formes de la première classe*; ce sont comme les *lettres*, peu nombreuses, de l'alphabet, qui cependant constituent les *essences* et *formes* de toutes les substances. Voilà donc à quoi nous nous efforçons d'arriver, et qui détermine les fonctions de cette partie de la *métaphysique* dont nous traitons maintenant; savoir, les *causes formelles*.

« Qu'on ne regarde pas comme une objection, ce que nous avons dit : que la *physique* considère les mêmes objets; car elle ne s'en occupe, qu'à l'égard des choses variables, par exemple : si l'on demande la *cause* de la *blancheur*, considérée dans la *neige*, ou l'*écume*; on répondra avec raison, qu'elle consiste dans un *mélange* ténu, de l'*air* avec l'eau. Mais cela est bien loin d'une *forme* abstraite de la *forme* de la *blancheur*; puisque celle-ci n'est pas moins produite, par un mélange de l'*air* avec des *poudres* de *verre* et de *cristal*. Ce n'est donc là qu'une cause *efficiente*, un véhicule vers la *forme*. Mais en *métaphysique*, si l'on cherche la *forme* abstraite de la *blancheur*; on devra trouver quelque chose du genre que voici : deux corps *diaphanes*, étant *mélés* ensemble, dans leurs proportions optiques , suivant un ordre sim-ple , ou également arrangés , produisent *la blancheur.*

« Voilà donc cette partie de la *métaphysique* que je trouve encore à produire ; et l'on ne doit pas s'en étonner ; puisque par la manière dont on a procédé jusqu'ici dans les recherches , on ne trouveroit pas les *formes des choses* dans toute la durée des siècles. La racine de ce mal (et de tous les autres) est celle-ci : les hommes se sont accoutumés à *abandonner trop tôt et trop long-temps* , *l'expérience* et l'étude des *objets particuliers* , pour se donner entièrement à leurs *méditations* et à leurs *argumentations.*

« Cette partie de la *métaphysique* que nous plaçons parmi les choses encore seulement *désirées* , est très-grande par deux raisons : la première , que son office et son pouvoir , dans toutes les sciences , seroit d'abréger (autant que les droits de la vérité peuvent le permettre) les circuits et les longues excursions dans les expériences , et d'apporter ainsi quelque remède à l'antique plainte *que l'art est long , et la vie courte.* A quoi seroit très-propre , un assemblage de *principes généraux* qui embrasseroient toutes les choses individuelles. Car les *sciences* sont comme des pyramides, dont l'*histoire* et l'*ex-périence* forment l'unique *base*. Ainsi, la base de la *philosophie naturelle*, est l'*histoire naturelle*. — Le *premier étage* au-dessus de cette *base*, est la *physique*; et celui qui approche le plus du *sommet*, c'est la *métaphy-sique*. — Mais quant au *sommet* lui-même, au *point de réunion*. (Œuvre de Dieu *du commencement à la fin*, la *loi sommaire de la nature*), c'est avec raison que nous mettons en doute si toutes les recherches des hommes peuvent y atteindre. Ce qui n'empêche pas qu'il ne reste vrai que l'*histoire*, la *physique* et la *métaphysique* ne soient trois *étages* successifs et continus des *sciences*.

« Pour quelques hommes enflés de leur propre savoir, et luttant, pour ainsi dire, avec Dieu (*théomachi*) ces trois *étages* sont comme trois masses qu'ils croyent pouvoir manier en géants :

Tres sunt conati imponere Pelio Ossam,
Scilicet atque Ossæ, frondosum involvere Olympum.

Mais pour ceux qui, s'anéantissant à l'as-pect de la grandeur des choses et de leur architecte, rapportent tout à la gloire de

Dieu ; elles leur rappellent ces trois exclamations : Saint ! Saint ! Saint ! Dieu est admirable en effet : dans la *multitude* de ses œuvres — dans l'*ordre* qui y règne — dans leur *union*. . . . »

33. C'est ainsi que BACON développe la première des fonctions qu'il a assignées à la *métaphysique*, et l'exemple qu'il en donne par la *blancheur*, me paroît rendre sa définition très-claire. On voit, dis-je, par cet exemple, que pour tous les *phénomènes généraux* ; tels que *clarté*, *chaleur*, *expansibilité*, *cohésion*, *affinités*, *pesanteur* ; on doit d'abord poser pour base, l'*histoire*, c'est-à-dire, à l'égard de chacun de ces *phénomènes généraux*, tous les *phénomènes particuliers* qui s'y rapportent, dans leurs *variétés* et *degrés*, et suivant la nature des *substances* ; ce que fournissent l'*observation* et l'*expérience*, en comprenant les *arts* dans celle-ci. La *physique* doit suivre : c'est elle qui recherche d'abord la détermination générale des *phénomènes*, puis celle des *causes*, dans tous les cas distincts ; marquant dans chaque cas, leurs *caractères* liés aux *circonstances*. Alors la *métaphysique* s'occupe d'abord à rechercher çe qu'il y a de général

dans les *causes* de chaque classe; c'est-à-dire, ce qui s'y trouve de commun, en tant que *cause*. Ainsi, les résultats abstraits des objets *physiques*, deviennent ses matériaux; et sa fonction est de chercher ce que ces *principes*, déjà généraux, ont de commun entr'eux. Là seroit le *sommet*, et l'on a vu BACON s'expliquer sur ce que nous pouvons attendre à cet égard : à ce *sommet*, se trouve un vide immense, non *dans* la *nature*, mais *hors* d'elle; et je le montrerai dans la suite. Car il nous avertit qu'une *métaphysique* réelle ne peut rien renfermer qui soit *hors* de la *nature*; mais que restant *dans* la *nature*, elle y cherche ce qu'il y a de plus profond et de plus éminent. Or la CAUSE PREMIÈRE, qui est distincte de la *nature*, ne sauroit être ainsi l'objet de la *philosophie naturelle*.

34. Cette partie, comme on l'a vu, est celle que BACON nomme des *causes formelles*; c'est la *nature* seule, sans rapport qu'à elle-même, du moins *physiquement*. Mais *pourquoi* l'Univers existe-t-il? A quelle *fin*? Il faut ici se rappeler; que BACON n'assigne point à la *métaphysique* la recherche de la nature des *esprits*, ni même s'il en existe; il a traité ce sujet à part : et quoiqu'il y indique la

même marche quant aux recherches, il n'en place le point de réunion avec la *métaphysique*, que dans la PHILOSOPHIE PREMIÈRE. La *nature* n'est donc ici autre chose, que l'*Univers*, en tant qu'observable par les hommes. Mais, outre les *phénomènes physiques*, qui continuent et se succèdent dans un certain ordre, nous y voyons des *êtres sensibles*, susceptibles de *plaisir* et de *peine*. Tout cet ensemble a-t-il été établi à quelque *fin ?* BACON assigne cette question à la *métaphysique*, dont elle fait la seconde partie, et l'on va voir sa manière de la traiter, que je ferai précéder de quelques remarques.

35. On aperçoit, ou on croit apercevoir des *fins* particulières, des *buts* de l'existence de certaines *causes* et certains *arrangements ;* mais cela n'est-il point *accidentel ?* Suivant BACON, cette question ne peut être résolue d'une manière satisfaisante ; tant qu'on demeure aux *cas particuliers*, quelque nombreux qu'ils soient : c'est même ce qui a produit le *scepticisme ;* et il subsisteroit tant qu'on procéderoit de la même manière. Voilà, dis-je, ce que la profondeur de son génie et l'étendue de ses lumières lui firent apercevoir : il vit que la *métaphysique* seule, telle

qu'il la définissoit, pouvoit s'occuper avec fruit des *fins* ou *causes finales*. Car il faut y procéder de la même manière que pour les *causes formelles* ; c'est-à-dire, qu'il faut d'abord former l'*histoire*, ou la collection des *faits* dans lesquels les opérations de la *nature* paroissent tendre à une *fin*. La *physique* ensuite, doit indiquer les *causes* par lesquelles ces *effets* s'opèrent, avec leurs circonstances ; sans songer encore aux *fins* ; et c'est la *métaphysique*, qui, en généralisant les *causes* et les *fins* apparentes dans leurs rapports mutuels, doit y chercher le *principe général* des *fins*, la *théologie*.

36. C'est dans le même *chapitre*, à la suite de la partie concernant les *causes formelles*, que BACON traite généralement des *causes finales* ; et voici ses préceptes.

« La seconde partie de la *métaphysique*, dit-il, est la recherche des *causes finales* ; nous ne l'annonçons pas ici comme *négligée*, mais comme *mal placée :* c'est dans la *physique* qu'on s'en est occupé, et non dans la *métaphysique*, qui est sa place. Cependant, si ce n'étoit-là qu'un défaut d'*ordre*, nous ne le regarderions pas comme de grande conséquence ; car l'*ordre* appartient à la *clarté*, et non au *fond* des sciences : mais cette inversion d'*ordre* a produit un défaut essentiel, une calamité même dans la philosophie. En plaçant ainsi la recherche des *causes finales* dans la *physique*, l'attention a été détournée de la recherche des *causes physiques*, d'où il résulte que les hommes, occupés de ces idées spécieuses, aperçues comme dans l'ombre, y acquiescent sous l'idée de *causes*; et que, satisfaits de ces apparences, ils ne s'appliquent point à la recherche des *causes* réelles, soit vraiment *physiques*; ce qui est un grand détriment pour les sciences. C'est ainsi que PLATON reste comme à l'ancre sur cette côte; et qu'ARISTOTE aussi, GALLIEN et d'autres, s'arrêtent sur ces bas fonds.

« En effet, si quelqu'un dit : *Les paupières sont garnies de poils*, POUR *servir comme de haie ou de palissade autour de l'œil.* Ou bien : *Les peaux des animaux sont dures et épaisses*, POUR *les garantir de la chaleur et du froid.* Ou : *Les os ont été produits par la nature*, POUR *qu'ils servissent comme de charpente aux autres parties des animaux.* Ou : *Les nues se forment dans le haut*, POUR *arroser la terre par les pluies.* Ou : *Les arbres poussent des feuilles*, POUR *garantir les fruits du soleil et des vents.* Ou encore : *La terre est solide,* POUR *qu'elle puisse servir de demeure aux animaux;* et autres choses semblables : cet homme-là raisonnera *métaphysiquement,* et point du tout *physiquement.* Or, nous l'avons déjà dit, ce langage vague retarde le progrès des sciences; il est à leur égard, comme ce qu'on disoit du *remora,* qu'il arrêtoit les vaisseaux en s'y attachant; il les empêche pour ainsi dire de voguer, de s'avancer sur leur vraie route. C'est ainsi que dès long-temps, la recherche des *causes physiques* ayant été négligée, n'a rien produit, et a enfin été ensevelie dans le silence.

« C'est pourquoi la philosophie de DÉMOCRITE et des autres philosophes de cette école (autant qu'on peut en juger d'après les fragments qui nous en restent); quoiqu'elle écartât *Dieu* et toute *intelligence* dans l'ensemble des choses, et attribuât la structure de l'Univers, à des mouvements et essais de la nature, à la nécessité de la *matière,* sans mélange de *causes finales* (ce qu'ils nommoient la *fortune* ou le *hasard*), nous paroît néanmoins plus solide, quant aux *causes physiques,* et pénétrer plus avant dans la nature, que celles d'Aristote et de Platon : et cela, parce que les premiers ne s'occupoient jamais des *causes finales*, tandis que les derniers en parloient sans cesse. Au reste, Aristote est à cet égard plus blâmable que Platon ; parce qu'il ne parloit point de la source des *causes finales* de Dieu ; il substituoit la *nature* à Dieu (*), et traitoit des *causes finales*, plutôt comme amateur de la *logique* que de la *théologie*. Cette remarque ne tend point cependant à révoquer en doute les *causes finales*, elles sont même très-dignes de recherche, mais ce n'est que dans la *métaphysique* ; car lorsqu'on les introduit dans le domaine de la *physique*, elles le dévastent et le dépeuplent misérablement.

« Mais tant que la recherche des *causes*

(*) Le traducteur François, met ici en note, tome II, page 93. « Si Aristote et ses imitateurs, « supposent à la *nature* un *but*, un *dessein*, un « *plan*, un ordre de *moyens*, comme nous le fai- « sons nous-mêmes en parlant de *Dieu*, il est « clair que ce que nous appelons *Dieu*, est pré- « cisément ce qu'ils appellent la *nature* ; et que « c'est ici une pure *dispute* de *mots* ». En effet, cela paroît ainsi ; mais on verra dans l'Appendice à cet ouvrage ce qu'emporte ce changement de mots.

finales reste dans ses limites, ce seroit aussi une grande erreur si l'on pensoit, qu'elle pût faire obstacle à celle des *causes physiques*, ou se trouver en opposition avec elle. Celui qui dit : *Les cils placés au bord des paupières, sont destinés à garantir les yeux* ; n'oppose rien à celui qui diroit : *Ils croissent autour des paupières (comme la mousse autour des fontaines) par l'humidité*. Celui encore qui dit : *Les peaux fortes et dures des animaux, sont destinées à les garantir des injures de l'air*, n'est point en opposition avec celui qui diroit : *Elles deviennent dures et fortes, par le froid qui contracte leurs pores, et par les autres impressions de l'air :* il en est de même des cas analogues. Ces deux classes de *causes* peuvent donc très-bien s'allier, mais dans des vues différentes ; les unes montrant l'*intention*, et les autres l'*exécution :* et cette distinction ne s'oppose non plus, ni ne déroge à la providence divine ; au contraire, elle l'appuie et la manifeste admirablement. Car, de même que, dans les choses civiles, celui qui sait arriver à ses fins par la conduite des autres, sans qu'ils se doutent d'agir selon sa volonté, montre une plus haute prudence politique, que s'il leur communiquoit ses intentions ;

tentions : la sagesse divine brille aussi bien plus, lorsqu'elle fait résulter d'une marche réglée de la nature, ce qu'elle juge à propos ; que si l'on y trouvoit son intervention comme empreinte dans chaque arrangement et mouvement.

« Quand ARISTOTE, après avoir impreigné la nature de *causes finales*, disoit : *La nature ne fait rien en vain ; la nature remplit toujours ses vues, à moins d'obstacles,* et autres choses pareilles ; il étoit bien plus aisé de supposer, qu'il n'y avoit pas besoin de Dieu, que lorsque DÉMOCRITE et ÉPICURE discouroient de leurs *atomes*. Car ceux-ci pouvoient bien se faire écouter par les hommes assez pénétrants, tandis qu'ils expliquoient les fonctions de ces *atomes* dans la nature existante ; mais lorsqu'ils venoient à leur attribuer l'arrangement des choses, sans le concours d'aucune *intelligence*, ils se rendoient ridicules aux yeux de tous les hommes. Loin donc que la recherche des *causes physiques* détourne de Dieu et de sa providence ; ceux au contraire d'entre les philosophes qui s'en sont occupés, n'y ont trouvé aucun point auquel ils pussent aboutir, qu'en recourant à l'un et à l'autre.

« Voilà qui suffit maintenant pour la *méta*-

Tome I.   P

physique, dont une partie consiste dans les *causes finales* : nous avons reconnu qu'il en a été traité, tant dans les ouvrages de *physique*, que dans ceux où l'on s'occupe de *métaphysique* ; et nous avons manifesté notre idée que, dans ceux - ci, c'est avec raison ; mais que dans les autres, cela est hors de place, et qu"il en est résulté de grands inconvénients.

37. Je m'arrête aussi pour le présent, quant à l'ouvrage *de Augmentis Scientiarum*, me bornant à indiquer en quoi consistent ses autres parties. — Le reste du *livre* III traite de quelques subdivisions de la *philosophie naturelle*, qui ne sont pas essentielles ici. — Dans le *livre* IV, BACON commence à traiter la troisième des doctrines renfermées dans la *philosophie générale* ; savoir, celle de l'*homme* ; et il l'y considère en son entier. Il établit, dans le *chap.* II, les principes d'une entreprise qui se trouve exécutée à la suite du *Novum organum*, dans une esquisse d'*histoires* tant *narratives* qu'*inductives*, concernant la *vie* et la *mort*, servant d'exemple de la méthode qu'il a prescrite ; c'est sa célèbre *Historia vitæ et mortis*, qui est un plan pro-

fond de *physiologie*. — Le *livre* V, traite de deux grandes parties de la doctrine de l'*homme*, concernant l'*entendement*; savoir, la *logique* et la *morale*. — Le *livre* VI, traite des facultés de l'*âme*, de *retenir*, et de *communiquer*, dont on a vu le *Journal de Trévoux* faire le plus grand éloge. — Dans le *livre* VII, reprenant la *morale*, BACON y traite, des *exemples*, et de la *culture* de l'*âme* (qu'il nomme *georgica animi*. — Le *livre* VIII, reprend aussi la doctrine *civile* : BACON la traite sous trois chefs; la *conservation*, à l'égard de ce qui est convenable, les *affaires* et l'*empire*; ce qui forme un traité solide de *politique*, appuyé sur la *révélation*. Enfin, le *livre* IX, traite de la *théologie sacrée*. C'est-là que notre philosophe, comme il l'avoit annoncé dès le commencement, se *repose de toutes les contemplations humaines* : c'est le *port* de sûreté où il arrive enfin, après avoir parcouru tout le champ des connoissances humaines, et reconnu que, malgré tous les secours que les hommes peuvent tirer de la nature pour s'élever aux *causes* dans l'*Univers*, ils ne sauroient connoître son AUTEUR, ce qu'Il exige d'eux et ce qu'ils ont à attendre, que parce qu'Il leur a directement *révélé*, qui devient ici l'objet de remarques générales très-utiles à la religion.

38. J'espère que d'après cette exposition, quoique fort abrégée, l'on pourra se former une idée distincte de ce que BACON entend par la *philosophie naturelle;* comme de sa liaison avec la PHILOSOPHIE proprement dite, dont elle est la partie fondamentale, ainsi que de sa direction vers la PHILOSOPHIE PREMIÈRE, laquelle, quoique probablement réservée aux anges, et pour les hommes dans la vie future, n'a pas moins ses bases dans les choses dont l'homme peut s'occuper sur la terre. C'est-là un objet essentiel à remarquer. BACON ne suppose point que, quelqu'éminentes que soient les connoissances que nous acquérons dans une autre vie, quelles que soient aussi celles des anges, les bases de la *métaphysique,* ni la *métaphysique* elle-même (une fois formée ici-bas.), puissent changer; puisque ces bases ne sont, ou ne doivent être tirées que de la *nature,* qui a Dieu pour auteur. Quand les nuages nous cachent les sommets des montagnes, ce qu'on a bien observé à leur pied et sur leurs pentes ne change pas, lorsque les nuages viennent à se dissiper : mais sans doute qu'avant ce temps-

là, s'il règne quelqu'obscurité, il faut employer de bonnes lunettes.

39. On a vu en particulier, ce qu'entend Bacon par la *métaphysique*. Cette science n'est rien, si elle n'est fondée sur la *nature*: c'est la partie de la philosophie dans laquelle vient se réunir tout ce que l'*induction* légitime a tiré des diverses branches des sciences, quant aux déterminations relatives à l'*essence des choses*. Elle appartient donc ainsi à la philosophie, dont elle est la partie la plus relevée; et par conséquent elle doit embrasser ce qu'on nomme *causes finales*; puisque la *théologie naturelle* et la doctrine relative à l'*homme*, forment, avec la *philosophie naturelle*, cet ensemble que Bacon nomme proprement philosophie. Mais la dénomination *causes finales*, est louche et trompeuse, et elle a occasionné de fatales erreurs. Les *fins*, c'est-à-dire, les *desseins*, ou *buts*; ne peuvent faire naître l'idée de *causes*, que sous le point de vue de *motifs* déterminants à l'action pour les êtres *intelligents*. De sorte que (mettant à part les êtres *sensibles*) il n'y a, et ne peut y avoir dans la nature que des *causes physiques*, c'est-à-dire, celles qui *produisent* les *phénomènes* observés. C'étoit donc, de la

part d'Aristote, un abus de *mots*, que de parler de *causes finales*, lui qui ne supposoit aucune *intelligence* dans la nature; et cependant, comme il paroissoit ainsi dispenser d'admettre une *cause première intelligente* pour comprendre l'existence de l'Univers, il en détournoit l'attention.

40. Par quelque cause cependant que les hommes soient arrivés à s'occuper d'un *Être Suprême intelligent*, la recherche des *fins* est un objet très-essentiel dans la philosophie; puisque c'est une des routes par lesquelles on doit pouvoir remonter à cet être. Mais quel est le degré de progrès qu'il faut avoir fait dans l'étude de la *nature*, pour s'occuper de cette recherche sans tomber dans l'erreur? On ne peut assurer avec fondement que les *causes* auxquelles on attribue certains *effets*, ont été établies *en vue* de ces *effets*, jusqu'à ce qu'on soit remonté jusqu'aux *causes générales*, et par cette première raison; que lorsque les *causes immédiates* de certains effets sont passées, ou que les produisant encore elles échappent à nos sens, on ne peut s'assurer de les bien déterminer, jusqu'à ce qu'avec ceux-là, on ait embrassé des phénomènes d'autres classes, et qu'on les ait trouvés liés par quel-

que *cause* commune. Or si l'on se trompe dans la détermination des *causes immédiates;* ce qui peut très-aisément arriver, et qui arrive même fort souvent à ceux qui n'ont pas les *causes générales* en perspective, on se perd dans le labyrinthe des *causes* et *effets,* dès que les sceptiques entreprennent de contester; et l'on tombe enfin, ou l'on entraîne les autres, dans la *fiction,* ou dans le *scepticisme.*

41. C'est par cette raison que Bacon renvoie les *fins* à la *métaphysique;* c'est-à-dire, parce que celle-ci doit être la réunion des principes généraux tirés de toutes les sciences, quant aux *causes naturelles.* A ce point, les principes se servent mutuellement de contrôle; parce qu'ils ne peuvent subsister ensemble, jusqu'à ce qu'ils soient réduits à ce qu'ils sont réellement dans la nature, du moins dans leur expression générale. De ce point encore on peut, et l'on doit même redescendre avec les principes acquis, non seulement dans toutes les branches dont ils procèdent, mais dans toute branche où ils peuvent conduire à de nouvelles recherches, qui les vérifient ou les rectifient. Telle est la *double échelle* qu'on a vu définir par Bacon, et qui

assure la détermination de toutes les *causes immédiates*. Or quand on commence à s'occuper des *fins* dès la *physique* (et on le fait même souvent dès l'*histoire naturelle*), sans avoir encore ce critère dans la détermination des *causes*, on est très-sujet à tomber dans l'erreur, en se laissant entraîner par quelque *fin* imaginée, qui se trouve ensuite chimérique; et l'on donne ainsi de grands avantages apparents aux *athées* ou aux *sceptiques*.

42. Ces considérations reviennent à ce que j'ai dit au §. 25, que les preuves superficielles, souvent même défectueuses, données de l'existence de Dieu, entre lesquelles sont les *fins*, ont incomparablement plus contribué à maintenir l'*athéisme*, que les arguments même des *athées*. Car ceux qui, faute de connoissances préliminaires, ne sont pas en état de juger de ces objets, ont souvent cru qu'on triomphoit du *théisme*, tandis qu'on ne triomphoit que de ceux qui le défendoient mal.

43. M. LE SAGE a fait la même remarque sur les *fins*, d'après une considération qui revient à celle de BACON, quoique sous une autre forme. C'est dans son *Essai de Chymie mécanique*, où il posa la base de son beau système sur la *cause mécanique* de la *gravité*, et

qui remporta le prix en 1761 à l'Académie de Rouen, sur une question relative à son titre. Voici le passage que j'ai en vue.

« La plupart des ouvrages qu'on a écrits jusqu'à présent sur les *causes finales*, renferment des principes si hasardés et si vagues, des observations si puériles et si décousues, des réflexions, enfin, si triviales et si déclamatoires, qu'on ne doit pas être surpris de ce qu'ils ont dégoûté tant de personnes de ces sortes de lectures.

« Mais il est possible de donner une *théorie des fins*, exempte de ces défauts, qui embrasse les ouvrages de l'art, comme ceux de la nature; et qui, après avoir fourni les *règles de synthèse*, pour la composition d'un ouvrage, sur des *vues* données et par des *moyens* donnés; proposeroit des *règles d'analise*, pour découvrir les *vues* et les *facultés* d'un agent, par l'inspection de son ouvrage.

« Ces recherches m'ont occupé long-temps; et il y auroit déjà plusieurs années qu'elles auroient vu le jour; si, pour les mettre en œuvre d'une façon assortie à la dignité du sujet, il n'eût été besoin d'une plume bien supérieure à la mienne ».

44. J'ai dit souvent dans mes ouvrages,

que je devois beaucoup aux entretiens que j'avois eu de bonne heure avec ce philosophe ; et c'est en particulier le cas à l'égard des *fins*. Nous nous entretenions souvent de leur théorie (la *téléologie*) ; et je me formai dès-lors des principes qui ont beaucoup servi à me diriger. Si l'on veut écarter efficacement l'idée de circonstance *accidentelle* dans la liaison d'une *fin* avec un certain *effet* naturel, il faut, pour première condition, que la *cause immédiate* qu'on lui assigne soit réelle ; car c'est cette *cause* qui doit avoir été établie avec *intelligence* : si donc on la détermine mal, et que l'erreur vienne à être découverte, la conséquence *téléologique* tombe par cela même ; et cela est arrivé tant de fois, qu'en effet, comme le dit M. LE SAGE, beaucoup de personnes sont dégoûtées de ces lectures. Cependant, ce n'est pas encore assez que de bien déterminer les *causes immédiates* ; car lorsqu'on rassemble beaucoup d'*effets* divers dont on croit apercevoir les *fins*, il y a entre leurs *causes physiques* une très-grande variété ; ce qui les rend comme égrenées. L'idée de *fortuité* dans l'accord de chaque effet avec une *fin*, peut bien diminuer par la multitude des cas ; mais le nombre de ceux où l'on n'aperçoit point de *fin* directe demeure toujours très-grand, et l'on n'a point encore de *criterium* réel, tant qu'on ne s'élève pas sûrement à quelque chose de plus général.

45. Il faut donc procéder dans cette recherche, suivant la marche prescrite par BACON pour arriver à la *métaphysique*. Il faut rechercher les *causes physiques* de plus en plus générales, comme embrassant successivement plus d'espèces, de genres et enfin de classes de *phénomènes*; jusqu'à ce qu'on soit arrivé à des *causes* qui les embrassent tous, et soient ainsi essentielles à tous les *effets* sensibles, tant rares que communs, malgré la multitude de leurs variétés. Voilà à quoi l'on pense rarement, soit à l'égard des *fins*, soit premièrement dans la *physique*; ce qui faisoit dire à BACON, (*Nov. org.* Liv. I. Aph. CXIX): «Rien n'a tant nui à la *phi-« losophie*, que la négligence des hommes « à l'égard des choses *familières* et *fré-« quentes.* » C'est en effet dans les *choses* communes que les *causes générales* manifestent leurs *effets* le plus à découvert : tels sont les *phénomènes* de la *chute des corps*, de *l'adhésion* des molécules dans la plupart, de leur *expansibilité* dans d'autres, de la dis-

position de certaines molécules à s'*unir* entr'elles (ou les *affinités*), de l'*évaporation* des *liquides*, de la *liquidité* ou *l'endurcissement* de ceux-ci, et autres phénomènes *familiers* et *fréquents*, dont BACON se plaint dans le même Aphorisme, qu'on ne recherche pas les causes. « On trouvera (dit-il) dans notre

« *histoire* et dans nos *expériences* d'abord des
« choses vulgaires et petites, puis des choses
« viles, enfin des choses qu'on regardera
« comme subtiles, spéculatives et presque de
« nul usage; ce qui pourroit détourner les
« hommes d'y porter attention. Cependant,
« à l'égard de ces choses qui paroissent vul-
« gaires, j'invite les hommes à penser que
« jusqu'ici ils ont borné leurs recherches sur
« les *causes* à ceci : de rapporter les *phéno-*
« *mènes* rares, à ceux qui sont fréquents, en
« donnant ceux-ci pour *causes* de ceux-là;
« mais de ne point rechercher les *causes* de
« ce qui arrive souvent; le regardant comme
« suffisamment admis. Ainsi, ils ne re-
« cherchent point les *causes* de la *pesanteur*,
« des *mouvements* dans les *cieux*, de la *cha-*
« *leur*, de la *clarté*, de la *dureté*, de la
« *mollesse*, de la *rareté*, de la *densité*, de
« la *liquidité*, de la *solidité*, et autres phé-

« nomènes journaliers ; mais, en partant de ces
« faits, comme manifestes et reçus, ils dis-
« cutent les autres choses moins familières,
« comme étant leurs conséquences. Au lieu
« que, suivant nous, aucun jugement ne
« pouvant être porté sur les choses moins
« communes et remarquables (et bien moins
« encore en mettre au jour de nouvelles)
« avant qu'on n'eût découvert les *causes* de
« ces choses communes, et les *causes* de
« leurs *causes*, nous avons été obligés de
« commencer par rassembler dans notre *his-*
« *toire* les détails des choses les plus *com-*
« *munes.* »

46. Voilà comment, dès le *premier* pas, ce
grand philosophe a déjà en vue le *dernier* :
c'est ainsi que dans l'*histoire naturelle*, il
pense à la *physique*, pour que celle-ci arrive
à la *métaphysique*, à laquelle, par cette raison, il renvoie les *fins*, puisque c'est-là seulement qu'on peut tenir le faisceau des *causes*
qui se distribuent dans toute la nature. Or
c'est la même idée qu'exprime M. Le Sage,
lorsqu'il dit : qu'il faut commencer par trouver
les *règles de synthèse*, *pour la composition*
d'un ouvrage sur des vues données, *et par*
des moyens donnés ; ce qui, à l'égard d'une

intelligence supréme, doit embrasser toute la nature. Si l'on considère seulement les phénomènes des *jours* et des *nuits*, et des alternatives de *temps secs* et de *pluies*; ceux d'un fluide sensible (l'*air*) qui environne et presse tous les corps sur la terre sans empêcher beaucoup leurs mouvements, qui contribue à la *végétation*, à la *combustion*, à la *vie* des hommes et des animaux par la *respiration*; la division de la terre en *mers* et en *continents*; la forme de ceux-ci en *montagnes*, *vallées* et *plaines*; objets qui entrent en détail dans l'*histoire naturelle* de Bacon; on y voit déjà des espèces, genres et classes de choses toutes essentielles à la *conservation* des hommes et des animaux : mais leurs *causes* ont-elles été établies *à cette fin?* On ne peut rien dire à cet égard, avec une telle certitude qu'il ne puisse être attaqué par ceux d'entre les *athées* ou les *sceptiques* qui sont capables d'un profond examen, jusqu'à ce que, par des *inductions* légitimes, et en particulier par la route rigoureuse d'*exclusion*, on ne soit remonté à la *configuration* de différentes classes d'*atomes* (soit particules indivisibles par les causes physiques) et à quelque *cause générale* des *mouvements* observés.

47. Telle est donc la fonction que Bacon

assigne à la *métaphysique ;* fonction à laquelle reviennent les *règles de synthèse* de M. LE SAGE. Or lorsqu'arrivé à ce point éminent dans les *causes physiques,* on peut en redescendre jusqu'à l'explication de tous ces *phénomènes* dont les *usages* sont évidents ; ce qui démontre qu'il auroit été impossible de produire ces effets par des *moyens* qui leur fussent mieux adaptés ; tous les rapports des *usages* aux *causes* particulières existantes, se réunissent en une *fin générale,* et désignent ainsi indubitablement une INTELLIGENCE SUPRÊME. Mais quel temps n'a-t-il pas fallu, pour que les *observations* et les *expériences* faites par la succession des hommes étant rassemblées, combinées, généralisées suivant les règles de BACON, nous aient approchés de cette profondeur et hauteur dans la connoissance de la nature ! Ce n'est donc certainement pas ainsi, ce n'est pas par la *contemplation de la nature,* que la *notion* d'une INTELLIGENCE SUPRÊME se trouve répandue de tout temps dans le genre humain ; cette *notion,* avec tout ce qui l'accompagne dans la tradition des hommes, est la seule origine qu'on puisse raisonnablement attribuer au premier branle qu'ont reçu parmi eux les recherches sur la *nature;* et c'est pour cela que BACON, reconnoissant l'origine pure de cette notion dans l'*Écriture Sainte*, seul vrai guide pour lui dans la *théologie*, termine son grand ouvrage *de la Dignité et Accroissement des Sciences*, par des conseils sur l'étude de cette source divine d'instruction.

48. Après avoir ainsi exposé le plan de la *philosophie* de BACON, dont les *encyclopédistes* avoient répandu une si fausse idée ; après, dis-je, avoir montré les principes généraux qu'elle renferme quant à une division *fructifère* des *sciences*, à ses *critères* de leurs erreurs, et à ses *routes générales* pour s'avancer vers les vérités, je vais entrer avec lui dans ces *routes*, et j'indiquerai en même temps les progrès qu'on y a faits quant on les a suivies d'après ses instructions. On comprend bien que ce ne peut être ici qu'une esquisse; les développements exigeroient un bien long travail et produiroient un ouvrage très-volumineux ; mais j'espère pouvoir en donner en abrégé une idée assez précise, pour ranimer l'attention et l'espérance chez ceux que de fausses expositions avoient découragés, et leur inspirer ainsi le dessein de recourir aux ouvrages, où ils pourront trouver les originaux de cette esquisse. **PARTIE**

QUATRIÈME PARTIE.

Esquisse des ROUTES ouvertes par BACON, pour arriver à la découverte des CAUSES NATURELLES, ainsi que des progrès faits dès-lors sur ces ROUTES ; et premièrement, quant aux CAUSES GÉNÉRALES.

49. C'est le *novum organum* qui va devenir le principal objet de notre attention. VOLTAIRE a doublement montré, dans son éloge de BACON, qu'il étoit hors d'état d'apprécier les philosophes de cette classe élevée ; car en même temps qu'il écartoit ce grand ouvrage comme *devenu inutile*, tout en le nommant le *meilleur* de ceux de BACON. Il attribuoit à ce philosophe une gloire qui ne lui appartient pas, savoir celle de la découverte de la *gravité universelle.* BACON, sans doute, comme on le verra bientôt, s'étoit beaucoup occupé de la *chute des corps* sur la terre, et de la *pesanteur,* ou du *poids* des corps ; mais quant à la *gravité universelle,* elle ne pouvoit être découverte que par les phénomènes des corps célestes ; et l'on a vu que BACON se plaignoit, que l'*histoire inductive*

Tome I. Q

de *l'astronomie* n'étoit point encore faite ;
sollicitant les physiciens de s'en occuper.

50. Voici le passage de VOLTAIRE que
j'ai en vue ici. (Edit. in-4°. des *Mélanges de
littérature ;* 1771 , tome 2.) « Le chancelier
« BACON ne connoissoit pas encore la nature ;
« mais il savoit et indiquoit tous les chemins
« qui mènent à elle. Il avoit méprisé de
« bonne heure ce que les universités appe-
« loient la philosophie , et il faisoit tout ce
« qui dépendoit de lui , afin que ces com-
« pagnies instituées pour la perfection de la
« raison humaine , ne continuassent pas à la
« gâter par leur *quiddités* , leur *horreur du
« vide* , leurs *formes substantielles* , et tous
« ces mots impertinents , que non seulement
« l'ignorance rendoit respectables, mais qu'un
« mélange ridicule avec la religion avoit
« rendu sacrés. . . .

« On voit dans son livre en *termes exprès ,*
« cette *attraction nouvelle* , dont NEWTON
« passe pour l'inventeur. — Il faut chercher,
« dit BACON , s'il n'y auroit point une es-
« pèce de forme *magnétique* qui opère entre
« la *terre* et les *choses pesantes* , entre la
« lune et l'océan , entre les planètes , etc.
« En un autre endroit il dit : Il faut, ou

« que les corps graves soient *poussés* vers
« le centre de la terre, ou qu'ils en soient
« mutuellement *attirés* ; et en ce dernier
« cas, il est évident que, plus les corps en
« tombant, s'approcheront de la terre, plus
« fortement elle les attirera. Il faut (pour-
« suit-il) expérimenter, si la même horloge
« à poids ira plus vite sur le haut d'une
« montagne, ou au fond d'une mine. Si la
« force des *poids* diminue sur la montagne,
« et augmente dans la mine, il y a appa-
« rence que la terre a une *vraie attraction* ».

51. L'auteur du *Recueil de Paris*, dont
j'ai déjà parlé plusieurs fois, relève avec
beaucoup de justesse et de connoissances,
cette dernière expression de VOLTAIRE : c'est
à la page 26 de son *Discours préliminaire*,
dans une note que je donnerai ici en entier,
à cause de son importance.

« Nous n'examinons point (dit-il) si ces
« passages sont fidèlement rapportés, ni si
« l'on peut en conclure que BACON ait fourni
« à NEWTON la première idée de son sys-
« tème. Nous n'avons aucun intérêt dans
« ce moment à contester sur ces deux
« points (*).

____

(*) L'auteur a examiné directement cette ques-

« Nous observons seulement : 1°. Que le
« mot *attraction*, quand il s'agit de la *gra-*
« *vité* et de sa *cause*, ne se trouve qu'une
« ou deux fois dans les écrits de Bacon; et
« c'est dans la dernière partie du *Novum*
« *organum* : que Bacon tenoit si peu à ce
« mot, et lui attachoit si peu d'importance,
« que partout ailleurs, quand il s'agit de la
« *gravité*; et notamment dans le Chap. IIIe.
« du Ve. livre du traité *de Augmentis*, pu-
« blié trois ans après le *Novum organum*,
« et où il rassemble en dix-neuf questions,
« toutes ses idées sur cet objet, il n'use ja-
« mais de cette expression : qu'ainsi il y a
« tout lieu de croire que, quand il s'en est
« servi, il l'a fait sans affectation, et dans
« le sens vague où le peuple l'emploie en-
« core aujourd'hui, quand on lui demande
« pourquoi les corps tombent sur la terre,
« et qu'il répond, parce que la terre les
« *attire*.

« 2°. Bacon n'a point dit, que si la force
« des poids diminue sur la montagne, la terre

---

tion, dans une note à la page clxj, où il montre
déjà, comme je le ferai plus particulièrement ici,
que dans les passages cités par Voltaire, Bacon
n'avoit point en vue la *gravité universelle*.

« aura une *vraie* attraction : le mot *vraie*
« n'est point dans le texte. Ce n'est pas sans
« raison, et par esprit de critique seulement,
« que nous faisons cette observation ; elle est
« très-importante. On a fait du simple mot
« *attraction*, un abus étrange : on abuseroit
« bien davantage des mots *vraie attraction*,
« pour insinuer que BACON a cru que la *gra-*
« *vité* étoit une qualité *innée* et *essentielle*
« à la matière : car on sait que d'ALEMBERT
« et tant d'autres après lui, se sont efforcés
« de faire croire, que NEWTON entendoit
« ainsi la *gravité.* Or, il est certain, que si
« BACON s'est servi une ou deux fois du mot
« *attraction*, il n'a jamais entendu par-là
« une attraction *vraie*, ou proprement dite ;
« une attraction qui supposeroit dans la ma-
« tière un principe *intrinsèque* et *essentiel*
« de *mouvement.* Cette doctrine favoriseroit
« trop ouvertement la cause des athées ; et
« l'on verra dans notre ouvrage, que le
« chancelier BACON, qui avoit l'athéisme en
« horreur, étoit infiniment éloigné d'ad-
« mettre une telle doctrine.

« On ne peut non plus, sans une injus-
« tice manifeste, imputer à NEWTON l'o-
« pinion que la *gravité* soit *essentielle* à la

« matière ; il la désavoue formellement dans
« ses *principes* et dans son *optique* ; mais ses
« *Lettres au docteur Bentley* , qui ont
« paru pour la première fois en 1783 (dans
« la dernière édition de ses œuvres), ne
« permettent plus de douter sur ce point :
« elles doivent à jamais fermer la bouche
« aux athées et à tous les matérialistes qui ,
« pour établir que la *gravité* , ou quelque
« principe de *mouvement* , entrent dans l'*es-*
« *sence* de la matière , oseroient s'appuyer
« de l'autorité de Newton. Voici un frag-
« ment de sa troisième lettre.

« Il est inconcevable (dit Newton) que
« la nature , brute et inanimée , puisse
« opérer sur de l'autre matière , sans un
« contact mutuel , où sans l'intermède de
« quelque agent , immatériel ou matériel :
« il faudroit pourtant que cela fut ainsi , en
« supposant avec Epicure que la *gravité* est
« essentielle et inhérente à la matière ; et
« c'est-là une des raisons qui m'a fait de-
« mander , que vous ne m'attribuassiez pas
« l'opinion de la *gravité innée*. La suppo-
« sition d'une gravité innée , inhérente et
« essentielle à la matière , tellement qu'un
« corps puisse agir sur un autre à distance

« et au travers du vide , sans un intermé-
« diaire qui propage de l'un à l'autre leur force
« et leur action réciproque ; cette supposi-
« tion , dis-je , est pour moi d'une si grande
« absurdité, que je ne crois pas qu'un homme
« qui jouit d'une faculté ordinaire de méditer
« sur des objets physiques , puisse jamais
« l'admettre. La *gravité* doit être causée par
« un *agent*, qui opère constamment suivant
« certaines lois ; mais j'ai laissé à la décision
« de mes lecteurs , la question de savoir , si
« cet agent est matériel ou immatériel ?

« *Voyez* des observations savantes et ju-
« dicieuses sur ce sujet , dans le no. 3o de
« la *Biblio. Britannique* ». (L'auteur renvoie ici à un morceau de M. LE SAGE, dont
j'ai déjà rapporté une partie , et auquel je
reviendrai).

52. J'ajouterai à la déclaration positive de
NEWTON , à l'égard de la manière dont il
considéroit la *gravité* ; que pour lui-même ,
il s'étoit déterminé à admettre un agent *ma-*
tériel : il expliquoit ce *phénomène* par la
pression d'un fluide subtil, qu'il nommoit
ether ; non sans apercevoir, qu'il ne ré-
pondoit pas bien aux phénomènes. Outre
que ce fluide lui-même auroit dû avoir une

cause de la *pression* qu'il exerçoit ; ce qui n'étoit que reculer la difficulté. En un mot ; sans prétendre avoir bien déterminé l'*agent* de la *gravité*, et en l'abandonnant à de futures recherches, Newton étoit convaincu, qu'elle n'étoit qu'un *effet*, dont il falloit chercher la cause. Or c'est ce que les *encyclopédistes* tâchoient d'écarter ; comme ils le faisoient à l'égard des préceptes de Bacon, quant à la recherche des *causes physiques*.

53. Comme ce sont les mots *vraie attrac-tion*, qui ont conduit l'auteur du *Recueil* à l'importante *note* qu'on vient de lire ; avant que de continuer sur ce sujet, je rapporterai le passage auquel Voltaire faisoit allusion. C'est dans l'*Aphor*. XXXVI, du *Liv*. II du *Novum organum*, vers le milieu, que Bacon indique l'expérience à faire sur une *horloge à poids* ; dans un lieu élevé, au pied de ce lieu, et à une grande profondeur dans la terre ; et voici la raison qu'il donne de cette expérience : « *Quod inveniatur virtus pon-* » *derum minui in sublimi, aggravari in* « *subterraneis ; recipiatur pro causá ponde-* « *ris,* ATTRACTIO *à massá corpored terræ* ». Il n'y a point *vera attractio*.

54. Pour se convaincre que, par le mot

attraction, Bacon n'entendoit point une *propriété essentielle* de la matière ; il suffiroit de se rappeler les passages cités ci-devant sous l'article I, du recueil de M. le Sage, où l'on voit qu'il parle même avec dédain, comme Newton l'a fait après lui, de ces *propriétés occultes*. Mais je vais rapporter un passage plus direct, concernant tout mouvement *essentiel* à la matière, dont Bacon ne parloit jamais d'un ton sérieux ; et l'on y trouvera directement le contraire de ce que Voltaire suppose, non seulement à cet égard, mais sur quelque idée qu'eût déjà Bacon de la *gravité newtonienne*, en la supposant une *force magnétique*.

55. Le morceau dont il s'agit, est à la suite de l'*Historia ventorum ;* dans un groupe d'*introductions* à d'autres *histoires* dont j'ai déjà tiré celle qui précède l'*Historia sympathiæ et antipathiæ rerum*. Celle dont je parle a pour titre : *Historia gravis et levis :* Aditus.

« Les anciens (dit Bacon) donnoient le nom de *mouvement naturel*, aux mouvements de la *gravité* et *légèreté ;* c'est-à-dire, qu'ils n'y considéroient aucune cause *efficiente extérieure ;* quoiqu'ils vissent bien que ce mouvement s'*accéleroit* dans son cours.

A cette manière de concevoir, ou plutôt à ces *mots*, ils ajoutoient la rêverie mathématique, qu'un *grave* adhéreroit au *centre* de la terre, quoiqu'elle fut percée; et ce commentaire scholastique, du *mouvement* des corps vers *leurs lieux*, ce qui servoit d'assaisonnement à l'hypothèse. Cela fait, ils comptoient n'avoir plus à chercher que le *centre de gravité* des corps de différentes figures : quelques-uns d'entr'eux seulement, s'étoient un peu plus occupés des corps mus par l'eau. Les modernes n'ont guère plus avancé, en ajoutant quelque peu de mécanique, défigurée par leurs démonstrations ». On voit par là, que Bacon n'admettoit pas même l'idée de *centre de gravité*, qui pourtant auroit pu être un indice de la *gravité newtonienne;* mais qu'il rejetoit l'idée de *mouvement naturel.* Voici quant à la *force magnétique.*

« Mais (continue-t-il) laissant de côté tous ces *mots* vides de sens : il est certain, qu'un corps ne peut éprouver d'action, que par un autre corps ; et qu'il ne se fait point de *mouvement* local, qui ne soit *imprimé,* ou dans les parties, ou dans l'ensemble, ou dans les corps prochains ou dans la sphère d'activité. Ce n'est pas sans fondement, sans doute, que GILBERT a introduit la *force magnétique*; mais il s'est rendu ensuite lui-même une sorte d'aimant; tirant à son système des choses qui ne lui appartiennent point, et fabriquant ainsi un *navire*, avec une *cheville d'aviron* ». La seule conformité qu'on trouve ici entre BACON et NEWTON, est que l'un et l'autre tournent en dérision ces *propriétés essentielles* que d'ALEMBERT et VOLTAIRE appuyoient du suffrage de ces philosophes.

56. BACON étoit si loin de la *gravité newtonienne*, qu'il s'occupoit encore de la *légèreté* et des corps *légers*. Il regardoit l'idée de *fuite* comme une chimère, ainsi il ne s'arrêtoit pas à une telle cause; mais pourquoi certain corps (les *vapeurs* par exemple) s'éloignent-ils de la terre, tandis que les autres corps s'en approchent ? Voilà ce qu'il ne concevoit pas, mais sur quoi il portoit fortement son attention. Il cherchoit donc et rassembloit les *faits*; il imaginoit des *experimenta lucifera*, des *expérimenta crucis*, (dont on verra la nature), pour tâcher de pénétrer au-delà des apparences immédiates. En général, il attachoit la plus grande im-

portance à ce qu'on trouvât la *nature*, ou *forme du poids* ; et il y revenoit souvent, soit directement, soit comme exemple des règles qu'il indiquoit pour la recherche des *formes* ou *natures*. C'est le sujet de dix-neuf questions, au Chap. III, du Liv. V *de Augmentis scientiarum* ; il en traite avec plus de détails, dans l'*Aphorisme* du *Novum organum*, qui précède celui où il est question de l'*horloge à poids* ; et là, ne trouvant pas de quoi se satisfaire dans les faits, il dit : « Je remarquerai ici en passant, combien sur ce point, comme sur beaucoup d'autres, nous sommes pauvres en *histoire naturelle* ; puisque très-souvent, nous sommes obligés de substituer de simples suppositions, à des exemples certains ».

57. Ce grand génie, aussi pénétrant que laborieux, traçoit néanmoins la seule *route* par laquelle on put espérer de découvrir, non seulement la *forme* de la *pesanteur*, mais toutes les autres vérités profondes dans la nature. Il déterminoit les routes qu'on devoit prendre ; sans prévoir encore, (comme le remarque M. LE SAGE) ce qu'on y trouveroit, ni comment elles viendroient à se réunir ; mais il ne doutoit pas qu'on ne par-

vînt à le trouver, pourvu que l'on commençât toujours avec un but précis ; et non sans savoir ce qu'on cherchoit, comme on l'avoit fait jusqu'alors. Il demandoit donc, qu'on se fixât de grands objets, qui sont *communs*, précisément par les liaisons qu'ils ont avec beaucoup d'autres subordonnés dans la nature ; et que là, on ne cessât point de travailler, jusqu'à ce qu'on fût parvenu à leurs *viscères*.

58. Une collection complète de *faits* bien déterminés, l'*induction* et l'*exclusion*, étoient, suivant BACON, la seule marche par laquelle on pût espérer de découvrir ce qui, dans la nature, échappoit aux sens ; savoir, les *causes reculées*. Mais il sentoit en même temps, combien d'objets il faudroit embrasser, conjointement à chacun de ceux dont on s'occuperoit immédiatement, dans la vue de pénétrer jusqu'à leurs *causes* profondes. Ainsi, le *mouvement* s'associoit toujours à la *pesanteur* dans ses considérations ; car il pensoit, qu'on ne découvriroit jamais rien à l'égard de la dernière, sans une plus grande connoissance du premier : mais quelle *pénurie* ne trouvoit-il pas dans l'*histoire* à cet égard ! Le rassemblement de tout ce qu'il pouvoit

y entrevoir, est l'objet d'un très-grand article, sous l'*Aphor.* XLVII, du *Livre* II,
du *Novum organum.* Il y revient pour une
dissection plus profonde, accompagnée de
remarques générales, dans l'article intitulé
*Filum labyrinthi, seu inquisitio legitima de
motu ;* faisant partie des *Impetus philosophici :* mais avant que d'aborder ce *labyrinthe,* il s'adresse au lecteur, pour lui faire
remarquer la manière dont on s'étoit conduit
jusqu'alors. Tout ce morceau mérite d'être
lu ; cependant je n'en traduirai qu'une
partie, où l'on trouvera un exemple de ce
que dit d'ALEMBERT, qu'il réunit toujours la
précision la plus rigoureuse aux *plus sublimes images.*

59. Cette ébauche d'un *fil* dans le *labyrinthe du mouvement,* consiste en une succession de *titres,* désignants les différentes
faces sous lesquelles le phénomène du *mouvement* devoit être considéré, pour parvenir
à en faire *l'histoire inductive.* Ce sont-là
comme des *cases,* préparées pour recevoir les
observations et expériences, soit déjà existantes, soit à faire, afin qu'elles ne demeurent pas éparses et sans rapport les unes aux
autres. BACON nomme ces groupes, ou des

cartes sur lesquelles l'entendement doit commencer d'étudier sa route, ou des *grappes* dont il devra extraire le suc; et c'est par cette dernière métaphore, qu'il cherche ici à faire sentir la différence de sa méthode d'avec celles qu'on avoit suivies jusqu'alors.

« Les *sens* (dit-il) sont sans doute sujets à se tromper; mais ils aident aussi à leur propre correction. Il est vrai que les erreurs se produisent d'abord, au lieu que leurs indices doivent être cherchés. C'est aussi pour cela, que nous avons choisi une nouvelle route d'exposition : non en disputant, non en apportant des faits rares et épars, mais par une expérience accumulée et suivie; dirigeant les hommes vers les sources des choses, et leur montrant de même à découvert, tant la marche, que les déductions de notre esprit.

« C'est pourquoi : quant à ceux qui aiment à s'appuyer sur des *arguments*, qui cèdent à un *petit nombre d'exemples*, ou sont retenus par des *autorités*, et qui ainsi ne pourroient se déterminer à lire notre ouvrage, à cause de la *disposition*, soit de *leur esprit*, soit *des temps ;* nous ne pourrions leur parler sérieusement. Il suffira donc de citer ici, ce mot de

Philocrate. *Ne soyez pas surpris, Athé-niens, de ce que je ne m'accorde pas avec Démosthène ; car il boit de l'eau, et je bois du vin.* Je veux dire que ces raisonneurs boivent une liqueur *crue*, provenant de leur *entendement*, et qui en découle, ou sponta-nément, ou par quelque industrie : au lieu que nous, nous préparons et buvons une liqueur tirée d'une multitude de *raisins*, cueillis en *grappes* dans leur saison, et sé-parés suivant leurs sortes ; ces *grappes* sont mises alors sous le pressoir, et les liqueurs sont reçues dans des vases séparés, pour qu'elles s'y clarifient avant que d'en faire usage. Mais ne le faisons pas sans prier Dieu de ne pas permettre, qu'en étudiant ainsi la nature, nous produisions un *monde* d'après les rêves de notre imagination ; mais plutôt que sa bonté nous seconde, pour pénétrer jusqu'à un certain point l'*apocalypse* de la *création*, par l'étude du *Livre des créatures* ».

60. Tout le plan de Bacon est tracé sous cette agréable image ; et l'on y voit comme partout ailleurs, la sérénité, la gaité même de son esprit, et la cause de ce calme. Sa mémoire, meublée de tout ce que l'antiquité avoit produit en tout genre et de ses propres observations,

observations, lui présente toujours cet ensemble au besoin : son esprit n'a point adopté. d'opinion qui occasionne chez lui, ni de l'anxiété sur ce qu'il trouvera, ni de l'impatience dans les recherches ; il n'a qu'un but, celui de trouver la vérité ; il la cherche par amour pour les hommes ; il ne craint que de les induire en erreur, et avec cette pureté d'âme, il ose s'adresser à la source de toute vérité, et implorer son assistance. Ainsi, parfaitement tranquille en lui-même, et jouissant de la plus grande liberté d'esprit, s'il croit pouvoir se faire mieux entendre par des métaphores, il les trouve aussitôt, et toujours exactes. C'étoit le seul usage qu'il se permît et qu'il approuvât de l'imagination, quand il s'agissoit des sciences.

61. Sous le même titre dont il s'agit, et après cet assemblage de *cartes*, ou de *grappes (Racemi)* formant le plan des recherches sur le *mouvement*, BACON fait, sur cette méthode, quelques remarques qui méritent d'être rapportées, comme montrant le caractère d'un homme qui, affranchi de tout amour propre, parle de ce qu'il croit avoir fait de bien, de la même manière que s'il le considéroit dans un autre.

Tome I.   R

« Nous venons (dit-il) de donner un exemple de recherche sur la nature, à l'é-gard de l'objet *le plus grand et le plus étendu*, sous une forme que nous croyons adaptée aux facultés de l'entendement pour la recherche de la vérité. Nous ne préten-dons pas, suivant la coutume de bien des gens, prescrire cette forme comme étant l'*art* lui-même ; nous pensons seulement, soit par comparaison avec celles qui ont été en usage, soit d'après notre longue pratique, qu'elle est jusqu'ici la plus propre à disposer les ma-tériaux des choses, pour faciliter les opéra-tions de l'entendement. Mais cela n'empêche pas que ceux qui auront plus de loisir, qui trouveront sur leur chemin moins de difficul-tés que le premier qui a tracé la route, et qui seront doués d'un génie plus vaste et plus profond, ne puissent la mieux diriger ; et nous les assurons même, que l'art de décou-vrir, naît et s'accroît avec les découvertes. Nous ne pensons donc pas qu'on doive as-treindre cet art à des règles immuables ; et en général, l'usage d'un art, ne doit point empêcher qu'on ne songe toujours à l'avancer lui-même, quand on en découvre les moyens. Nous ne dissimulons pas cependant, que nous croyons avoir ouvert une nouvelle route dans les sciences , en la déterminant par des exemples et des préceptes qu'on avoit négligés pour s'occuper d'autres choses. Nous ne cachons point la route que nous avons suivie ; nous l'exposons , comptant sur l'équité des hommes , et sur l'intérêt commun : CAR son objet appartient *au genre humain* , et non à *nous-mêmes* ».

62. Le reste de cette pièce , qui est assez longue , est très-intéressant , par les comparaisons , toujours ingénieuses , de sa méthode avec celles des anciens , et la justice qu'il leur rend , quant au génie ; en voici un exemple :

« D'après ces remarques (dit-il) l'admiration due à quelques-uns des anciens et à d'autres parmi leurs successeurs , demeure intacte et immuable : car quant au pouvoir du génie et de la méditation , on y trouve des hommes admirables. Mais notre marche est telle , que le génie et les facultés de la plupart des hommes , peuvent y suffire ; et voici qui pourra donner une idée de la différence. Il y a beaucoup plus d'habileté à tirer une ligne bien droite , par les seules facultés très-exercées de la main et de l'œil , qu'en y employant une *règle*. Ou plus di-

rectement : la différence du pouvoir de re-
tention entre les hommes se fait bien plus
sentir , quand il s'agit de retenir un discours
prononcé , que lorsqu'il est écrit. Ainsi , à
l'égard de cette contemplation de la nature,
qui dépend de la seule force de l'esprit, il
y a une très-grande différence entre les
hommes ; mais quand les phénomènes sont
rassemblés dans des *tables* , faites suivant
certaines règles , et rendues d'un usage facile, il n'y a pas beaucoup plus de différence
quant à l'étude de la nature , entre les esprits,
qu'entre les sens des hommes ; elle est mise
à la portée d'un beaucoup plus grand nombre ».

63. La différence indiquée ici par BACON,
quant à l'accessibilité de l'étude de la *nature*,
s'est bien vérifiée ; car le nombre des *naturalistes* s'est beaucoup accru dès-lors ; mais
il ne prévoyoit pas, que son *histoire narrative*, décorant le vestibule de la science par
les tableaux des phénomènes, la plupart des
hommes s'y arrêteroient trop ; et que faute
d'étudier l'ensemble du plan , qui exige de
l'attention , ils se contenteroient d'augmenter
la décoration de cette entrée , en y plaçant
sans ordre les nouveaux phénomènes. C'est

ce qui a eu lieu, et d'où résulte, qu'avec une grande augmentation de matériaux, l'édifice de la *philosophie*, qui étoit l'unique objet de Bacon, a plutôt retrogradé qu'avancé dans l'esprit de bien des hommes.

64. Il est vrai, qu'il travailloit constamment à corriger ce penchant pour les choses superficielles, qui a nui à tout. C'est ce qu'on a vu par plusieurs passages cités dans la IIme. PARTIE ; et dans le même morceau dont je parle, il y revient encore sous deux nouvelles formes. Il avertit d'abord, que si l'on ne se rend pas présent à l'esprit toute l'étendue du *plan* des recherches sur la nature, ainsi que leur vrai *but*, les occasions d'observer des phénomènes importants passent sans qu'on s'en aperçoive, et ne se retrouvent peut-être plus : comparant à cet égard la nature, à la fortune, qu'on dit être *chevelue par devant, mais chauve par derrière* ; et il ajoute : « Toute la subtilité qu'on peut employer quand les choses sont passées, aide bien à accrocher et palper un peu la nature, mais jamais à l'arrêter et la saisir. » (*Naturam prensare et captare, sed nunquam apprehendere et capere posse.*)

65. L'avertissement suivant, est digne en-

core d'une attention particulière. Dans le dessein de faire toujours mieux comprendre comment ceux qui s'occupent de l'étude de la nature, doivent le faire, pour que leurs travaux soient réellement utiles aux hommes, et qu'ils ne se bornent pas à placer dans leur mémoire, des faits incapables d'éclairer leur entendement, il présente sa méthode sous une nouvelle image, aussi juste que frappante. « Nous ne nous sommes pas bornés (dit-il), à couper des plantes dans le champ de la science ; nous avons tâché de les tirer avec leurs *racines* ; afin que transplantées de notre esprit dans d'autres, comme dans une meilleure terre, elles y prissent un accroissement plus grand et plus heureux ». Ce sont en effet ces *racines*, que beaucoup de naturalistes négligent dans leurs récoltes, et qu'un plus grand nombre encore, séparent même des plantes, quoiqu'elles aient été bien cueillies ; les plaçant ainsi dans leur esprit, comme une espèce d'*Hortus siccus*. Ce sont, dit ailleurs BACON, et plus d'une fois, des pièces du *cadavre* de la nature.

66. C'est par un vif sentiment de la *pauvreté* de l'*histoire narrative*, que BACON étoit engagé dans de si fréquentes digressions, lors

même qu'il étoit le plus attentif à des objets particuliers. Il vouloit faire sentir cette *pauvreté*, et les conséquences qui en étoient résultées quant à la *philosophie* : il insistoit alors, sous toutes sortes de formes, tant sur la nécessité de travailler à cette histoire, que sur les règles qu'il falloit suivre pour qu'elle répondît à sa haute destination. Or quoiqu'on soit aujourd'hui plus avancé dans la collection des phénomènes, les personnes attentives verront bien qu'il n'est pas moins nécessaire de rappeler les préceptes de BACON, pour que ces amas de matériaux ne demeurent pas comme *morts*, quant à la production de la *philosophie* c'est pourquoi j'ai dû le suivre (et je ne l'ai fait que bien en abrégé) dans ses digressions au sujet des phénomènes du *mouvement* et de la *pesanteur*, auxquels je reviens maintenant.

67. Il est bien certain, d'après tout ce qu'on vient de voir, que BACON n'a pas découvert la *gravité universelle ;* et VOLTAIRE ne semble lui en attribuer la gloire, que pour l'enlever à NEWTON. On ne pouvoit même atteindre alors à cette découverte, vu l'incertitude dans laquelle on se trouvoit encore à l'égard des plus grands phénomènes de l'Uni-

vers. Bacon, par exemple, n'avoit pas même fixé ses idées sur la *révolution diurne* apparente du ciel. Des systèmes astronomiques ne lui suffisoient pas, pour assigner ce mouvement à la *terre*; parce qu'on pouvoit (disoit-il) en former de très-différents quant au fond, qui expliquassent également les *apparences* (telles qu'on les voyoit alors); et il désignoit celles-ci, sous l'emblème d'un *animal empaillé*. Puis, continuant la même figure, il demandoit qu'on s'occupât d'une autre *astronomie*; d'une astronomie *vivante*, en y recherchant les *causes* des *mouvements* : et il recommandoit qu'on dirigeât vers cet objet des observations et des expériences ; faisant remarquer : que tout, dans l'Univers, est lié par des *causes générales*, et que les phénomènes les plus *communs*, peuvent conduire à la découverte de ces *causes*.

68. Ainsi, le grand mérite de Bacon sur cet objet, comme sur tout ce qui tend à la connoissance de la nature, mérite qui ne s'effacera jamais, parce que l'on ne sauroit arriver à aucun point dans cette science, sans être encore sur ses traces; c'est d'avoir mis en mouvement l'*observation* et l'*expérience*, non vaguement, mais en les dirigeant dès l'entrée,

de manière qu'elles pussent conduire aux *causes*. On ne sauroit trop remettre sa marche sous les yeux, puisqu'elle n'a fait impression que sur bien peu d'observateurs ; c'est pourquoi je la retracerai en peu de mots, avant que de suivre ses conséquences, soit quant aux importants objets dont il s'agit ici, soit à l'égard de ceux que je présenterai successivement.

69. Sur chaque grand *phénomène*, BACON vouloit que la formation de l'*histoire narrative* précédât tout. Il recommandoit qu'on ne fût point impatient dans cette partie de la carrière. « On ne doit point (disoit-il) *mois-* « *sonner son blé en herbe.* — C'est (ajou- « toit-il) un désir prématuré et puéril, que « de vouloir *capter* quelque *gage* des nou- « velles manipulations. — Ce sont là les « *pommes d'or*, qui retardèrent la course « d'ATALANTE. » Dans cette opération encore, il vouloit qu'on se dépouillât de toute *hypo-* *thèse* ; qu'on rendît l'esprit comme une *table rase*, pour que les objets ne participassent point à ses penchants, acquis ou naturels. Il falloit travailler à ce que les *phénomènes* se rapprochassent les uns des autres, non en les tirant les uns vers les autres ; mais en cher-

chant à remplir, par d'autres phénomènes, les vides qui commençoient à s'y manifester. Quant l'*histoire narrative* est assez avancée, on peut commencer quelqu'ébauche de l'*histoire inductive* : c'est-à-dire, qu'il faut classer les *phénomènes* suivant leurs rapports les plus prochains, et distribuer leurs classes de manière, qu'elles puissent manifester entr'elles des rapports plus éloignés. Si l'on aperçoit alors des lacunes, il faut chercher encore à les remplir par l'*observation* et l'*expérience*, qui ont alors des objets fixes. C'est d'après ce tableau, que l'entendement peut travailler à découvrir les *causes*; parce que les phénomènes ainsi rapprochés, lui suggèrent ordinairement des conjectures ; mais il ne faut pas qu'il s'y arrête avec empressement ; il doit d'abord examiner quels sont les autres *phénomènes* dans lesquelles, si ces *causes* existent, elles devroient se manifester ; et chercher par l'observation et l'expérience, si elles s'y manifestent en effet. Enfin, quant on a obtenu quelque chose de fixe par cette route, on ne doit pas s'y arrêter encore : il faut pousser le travail aussi loin dans des branches fort différentes de phénomènes, afin qu'elles puissent arriver à se réunir par quelques *causes* communes, qui alors sont plus reculées, ou élevées, puis redescendre avec celles-ci dans ces branches, et toutes celles qui doivent s'y joindre, pour examiner, si ce que les unes ont fourni aux autres, se maintient partout.

70. L'entendement acquiesce sans balancer à une telle marche : on comprend au moins, que s'il est une route par laquelle on puisse pénétrer dans la nature, c'est celle-là seule : cependant, il suffit de lire, ou de se rappeler la plupart des ouvrages d'*histoire naturelle* et de *physique*, même de *philosophie*, pour se convaincre, qu'on n'y a non plus pensé que si elle n'eût jamais été tracée. Je viens de résumer ces règles, parce que nous allons entrer dans une carrière de recherches où elles ont été suivies, soit par BACON lui-même, soit par quelques autres vrais scrutateurs de la nature; et qu'ainsi, leur application se fera mieux apercevoir.

71. L'*histoire narrative* de l'*astronomie* fit d'abord de grands pas sous GALILÉE, et déjà, quoique BACON ne l'eût pas encore saisie, elle devint *inductive* quant au *mouvement diurne*, qui fut alors irrévocablement assigné à la terre. KEPLER fit aussi une *observation majeure* (suivant le style de BACON); c'est-à-

dire, une *généralisation* bien importante des phénomènes du *mouvement* des planètes autour du soleil (objet sur lequel notre philosophe avoit beaucoup réfléchi, mais en vain,) quand il les exprima sous ces trois *lois* : 1. Toutes les planètes, dans leur mouvement autour du soleil, décrivent des *ellipses*. 2. Dans ces *ellipses*, les *aires* sont proportionnelles aux *temps*. 3. Les quarrés des *temps périodiques* sont comme les cubes des *distances*. Par-là déjà fut beaucoup augmentée la probabilité de découvrir la *cause immédiate* de ces *mouvements* : car une détermination *exacte* des *phénomènes* est en général comme l'*empreinte* de ces *causes*, et fournit ainsi le plus sûr, et presque le seul moyen de guider l'esprit dans leur recherche. Or c'est ce que prépara KEPLER par cette détermination précise du *mouvement* des *planètes* : car un mouvement *elliptique*, sembloit indiquer deux *causes immédiates;* et les rapports fixes des *vitesses* aux *distances*, pouvoient servir à vérifier les *causes* qui se présenteroient à l'esprit.

72. NEWTON vint alors. Quelle époque dans l'histoire de la science! Il ne falloit pas moins que sa profonde connoissance de tout

ce qui concerne le *mouvement*, et son prodigieux pouvoir d'analise, qui força les mathématiques à s'élever jusqu'à son sujet ; pour embrasser d'abord d'un premier coup d'œil, les conséquences d'un *mouvement* de *projectile* imprimé aux *planètes*, combiné avec leur tendance continuelle à *tomber* vers le *soleil*; pour démontrer ensuite, que ces deux causes devoient produire l'effet que KEPLER avoit si bien déterminé, et pour fixer, autant que les observations astronomiques pouvoient le permettre alors (ce qu'on nomme) les *éléments* de chaque *planète*. Ce fut ainsi que se manifesta le grand *phénomène*, confirmé dès-lors par toutes les observations ; que les *particules* de la *matière* tendent les unes vers les autres, en raison directe (sensiblement) des *masses* des *particules* et inverse des quarrés des *distances* (*).

(*) Le commentateur de BACON , M. LA SALLE , n'ayant pas fixé son attention sur la liaison inséparable du *mouvement projectile* avec la *gravité* dans la théorie de NEWTON , voudroit en séparer le premier et conserver la dernière. C'est-là un point qui revient souvent dans ses notes , et ce sera aussi un des objets déterminés d'examen dans les remarques sur son ouvrage , que je renvoie à la fin de celui-ci.

73. Tel a été, sur un objet qu'on a vu Bacon présenter comme *le plus grand et le plus étendu dans la nature*, la réalisation de son espérance, qu'en procédant suivant la méthode qu'il recommandoit, on arriveroit à la détermination de ce qu'il nommoit les *formes simples*. Mais pourquoi désiroit-il ces déterminations ? C'étoit pour qu'on pût parvenir à découvrir les *agents* des phénomènes généraux, quoiqu'ils échappassent aux sens. Ce fut ainsi que Newton lui-même envisagea sa découverte ; mais il a rencontré les mêmes hommes que Bacon, et il a eu le même sort ; en l'exaltant on l'a défiguré. Il vouloit qu'on cherchât l'*agent* de la *gravité*, comme étant le *phénomène* le plus général dans la nature ; et au lieu de cela, on a transformé le *phénomène* lui-même en *cause primitive*, pour pouvoir attribuer tout à la *nature* seule, sans *cause intelligente*. Par-là on faisoit disparoître ce que cette théorie, reconnue pour la mieux déterminée et la plus immuable qu'offre la physique, avoit de *théologiquement* sublime ; en ce qu'elle obligeoit de chercher *hors* de la *matière*, *l'origine* du *mouvement*. Mais on oublioit le *mouvement* de *projectile*, indispensable dans ce système ; et l'on verra

dans la suite, que par cela seul, l'hypothèse devoit s'évanouir dès qu'elle seroit profondément examinée (*).

74. A ce grand mal, s'ajoutoit encore celui de mettre la plus forte barrière aux progrès ultérieurs des connoissances sur la nature. On a vu BACON déduire de ses remarques sur tout ce qui avoit déjà été observé : « Qu'il étoit « impossible de bien connoître les *choses*, « sans en connoître les *causes* : que la con- « noissance des *causes* étendoit la *lumière* « beaucoup au-delà des objets dans lesquels « elles se manifestoient immédiatement ». Or à quelle hauteur ne devoit pas se trouver le *flambeau* produit par la découverte d'une *cause*, dont les *effets* embrassent toute la nature ! Et quelle *lumière* ne devoit-on pas s'attendre à en voir naître dans tous les *phéno- mènes* subordonnés ! Par conséquent, suivant le désir de BACON, tous les efforts devoient se réunir pour la recherche de cette CAUSE ; et NEWTON, en en déterminant si précisément

_____

(*) On verra dans les remarques annoncées par le paragraphe précédent, que c'est pour pouvoir trouver dans l'Univers lui-même, les *causes du mouvement*, que M. LA SALLE s'efforce d'écarter le *mouvement projectile* des planètes.

l'effet immédiat, renouveloit l'exhortation à la chercher.

75. C'est ici qu'il importe de rappeler comment on a empêché ces recherches, par la manière dont on a fait parler BACON lui-même; parce qu'on verra successivement,ce qu'auroit perdu la connoissance de la *nature*, et ainsi celle de la *religion*, s'il ne s'étoit trouvé quelques hommes capables de penser par eux-mêmes. « Il avoue (dit d'ALEMBERT, parlant de « BACON dans son éloge,) il avoue..... que « l'esprit doit sacrifier l'étude des *êtres géné-* « *raux* à celle des *objets particuliers*. — Il « invite les savants à perfectionner les *arts*; « qu'*il regarde* comme *la partie la plus rele-* « *vée*, et *la plus essentielle* de la science. « — *Ennemi des systèmes*, il *n'envisage la* « *philosophie* que comme cette partie de nos « connoissances qui doit contribuer à nous « rendre *meilleurs* et *plus heureux*; il semble « *la borner à la science des choses utiles*. » Examinons d'abord ces dernières expressions, bien faites pour séduire, comme présentant BACON sous un point de vue fort intéressant, et cherchons ce qu'on voiloit par-là. BACON, sans doute, destinoit la *philosophie* à rendre les hommes *meilleurs* et *plus heureux* : mais

pourquoi

pourquoi leur étoit-elle devenue nécessaire ?
Parce que beaucoup d'hommes étoient sortis
de la situation où l'Être Suprême, en se *révélant* à eux, les avoit placés sur la terre ; situation dans laquelle la *philosophie* leur auroit été inutile pour les rendre *bons*, et fort
peu nécessaire pour les rendre *plus heureux*.
Mais des *athées* cherchoient à leur faire croire,
que l'*Univers* existoit par *lui-même*. Les *sceptiques* soutenoient que l'homme ne pouvoit
rien savoir de certain. Nombre d'hommes,
quoique demeurés *théistes*, ne vouloient pas
reconnoître dans la *révélation* des *instructions*
directes du créateur, et en particulier sur la
nature. Tous tendoient ainsi également à ne
laisser aux hommes d'autre guide qu'eux-mêmes ; et ce n'étoit la route, ni de la *vertu*,
ni du *bonheur*. Une vraie connoissance de la
nature devenoit donc nécessaire pour arrêter
les progrès de ce mal ; mais étoit-ce en se
bornant aux objets particuliers ? Non, certainement ; car ç'auroit été favoriser les *sceptiques ;* qui prétendent que les hommes ne
voient que des apparences, sans pouvoir rien
découvrir au-delà. C'étoit donc pour chercher
à remonter, par les *objets particuliers*, aux
êtres généraux, aux *agents* des *phénomènes*,

Tome I.   S

que BACON demandoit une étude attentive des premiers. Et quand il recommandoit aux savants de s'appliquer aux *arts*, il étoit bien loin de considérer ceux-ci, comme la partie la *plus relevée* et la *plus essentielle* de la *science*; puisqu'il les nommoit positivement sa partie *inférieure*, l'un de ses *premiers pas*; ils devoient servir d'aide à l'expérience; et il vouloit, «que les *ruisseaux* de toutes les *expé-* « *riences mécaniques* vinssent se rendre dans « l'*océan* de la *philosophie*. Je le répète donc « (ajoutoit-il) *ce n'est pas pour les faits eux-* « *mêmes* que je propose d'en faire les collec- « tions; et *il ne convient point* d'en mesurer « l'importance *d'après eux*; mais *d'après* « *leurs conséquences* et *leur influence* sur la « *philosophie*.» Enfin, se déclaroit-il *enne-mi des systèmes*? Tandis qu'il nommoit cette marche ascendante des *objets particuliers* aux *objets généraux*, la *philosophie spéculative*, et qu'il l'indiquoit comme conduisant à la *théorie*?

76. En vérité, si *l'on se glorifie d'être homme*; comme quelqu'un l'a dit en pensant qu'il a existé un BACON, un NEWTON; on éprouve un sentiment bien différent; je ne dis pas seulement quand on voit de telles dé-

figurations de la vérité, qui peuvent ne con-
cerner qu'un petit nombre d'hommes, mais
quand on considère avec quelle facilité on a
pu en imposer par-là au grand nombre, et
arrêter ainsi les progrès du bien que ces
grands hommes vouloient faire à l'humanité :
quand on voit même que cela s'est étendu jusqu'à nombre d'hommes, dont le génie et les
talents les auroient rendus capables d'avancer
les *sciences* réelles. M. Le Sage va se présenter ici comme une exception fort heureuse ;
car il a résisté au torrent, et l'a empêché de
tout inonder : je me bornerai sur ce point à
une indication sommaire de ce que lui doit la
physique générale.

77. Dès ses premières études, M. Le Sage
avoit envisagé la physique sous le même point
de vue que Bacon ; et il trouva comme lui,
que la philosophie de Démocrite pénétroit
plus avant dans la nature, que celles de
Platon et d'Aristote. Il étudia les philosophes de la première de ces écoles ; surtout
Lucrèce, qui a le plus écrit ; et il fut frappé
de l'idée, qu'elle pouvoit conduire à *l'agent*
de la *gravité :* alors il étudia profondément
les ouvrages de Newton ; et il arriva enfin,
par la route de *l'exclusion* la plus rigoureuse,

ainsi que par celle de l'*induction* légitime, à l'explication *mécanique* de ce grand phénomène.

78. J'ai déjà fait mention d'un Mémoire de M. LE SAGE qui remporta le prix, en 1761, à l'académie de Rouen, dans lequel il posa les premières bases de son système; et il en a écrit un autre sur le même sujet, auquel, en reconnoissance de la première étincelle de lumière que lui avoit fournie celui de DÉMOCRITE, il donna le titre de *Démocrite newtonnien*. Ces deux ouvrages sont peu répandus, parce que M. LE SAGE ne les fit imprimer l'un et l'autre que pour les distribuer entre les savants qui s'occupoient des sciences exactes. Dans le dernier, parlant des opinions de DÉMOCRITE, M. LE SAGE fait voir : que si ce philosophe eût connu la sphéricité de la terre, et quelques autres faits alors ignorés, il auroit pu être conduit *à priori*, à la *gravité universelle*, telle que NEWTON l'avoit découverte *à posteriori ;* c'est-à-dire, avec les mêmes *lois ;* ce qui joignoit la synthèse à l'analise. Mais DÉMOCRITE, regardant le *mouvement* comme *essentiel* à la *matière*, étoit *athée :* au lieu que M. LE SAGE, dédaignant comme BACON et NEWTON, ces idées de *qua-*

lités occultes, qui n'ont leur origine que dans la paresse ou le *sommeil* de l'esprit humain ; et convaincu par ses profondes études, qu'il n'existe dans l'Univers que des mouvements *communiqués,* en attribuoit l'*origine* au créateur ; et l'on verra dans la suite qu'on ne peut s'empêcher de le reconnoître.

79. Je ne saurois m'étendre ici sur le système de M. Le Sage ; quelques-unes des lettres que j'ai adressées à M. de la Métherie, et qui ont été publiées dans son *Journal de Physique,* en renferment une exposition abrégée ; et il s'en trouve aussi des esquisses en d'autres ouvrages. Je n'ajouterai donc sur cet objet, que ce qu'en dit M. Le Sage luimême, dans sa Lettre aux Auteurs de la *Bibl. britannique,* déjà citée plusieurs fois, et qui suffira pour servir de premier chaînon dans une suite de découvertes que j'exposerai.

80. La pièce dont il s'agit, est la même à laquelle renvoie l'auteur du *Recueil de Paris,* et dont j'ai fait mention ci-devant à la fin du §. 51. Dans ce journal, on avoit parlé du système de M. Le Sage, comme tentant l'impossible, avec quelques remarques sur ses détails ; et c'est à quoi il répond, s'adressant aux éditeurs.

S 3

« Vous me rangez (leur dit-il) parmi les physiciens *qui tentent d'expliquer, par le mouvement seul, les effets,* que d'autres physiciens *attribuent au calorique comme substance sui generis :* en ajoutant, il est vrai ; que j'associe ce mouvement *à l'existence d'un fluide particulier, formé d'une gréle de corpuscules :* mais en décrivant ce fluide-là, d'une manière qui le distingue extrêmement de ce qu'on appelle *calorique,* ou *feu.*

» Or, ce n'est point-là ma manière de concevoir le *feu;* car j'ai toujours pensé comme ces autres physiciens, qui le croient une substance *sui generis,* différente du *fluide gravifique.*...... Je répète donc, qu'outre le *mouvement* des particules des corps dit *chauds ,* et la *gréle de corpuscules,* projetés autrefois par le CRÉATEUR ; j'admets un second fluide, nommé *feu,* qui tient son activité des chocs de ces *corpuscules.*

« Outre ces *corpuscules*-là, que j'ai toujours appelés *ultra-mondains,* ou *gravifiques,* et le *feu :* j'admets un troisième fluide discontinu (que je nomme *ether* ou *air subtil*); agité, comme le *feu,* par les chocs inégaux des *corpuscules ultra-mondains;* et qui produit *immédiatement,* les *affinités chimiques,* ainsi que divers autres effets : au lieu que les *corpuscules ultra-mondains* ne produisent ces effets que *médiatement* ; ce dont vous n'avez pas informé vos lecteurs, peut-être pour être très-courts.

« Pour n'être pas trop long moi-même (sans pourtant laisser prendre à vos lecteurs, sur mes opinions, des idées qui n'y seroient pas conformes) ; j'ajouterai, seulement en gros ; que j'admets *plusieurs* autres fluides discontinus ; qui tiennent aussi leur activité de l'inégale impulsion des corpuscules ultra-mondains (sur les faces opposées de chacune de leurs particules) : ce qui décharge ceux-ci de presque toutes les fonctions *immédiates* que vous semblez leur attribuer.

« Il seroit impossible aux *corpuscules ultra-mondains,* de réunir *immédiatement* ces différentes fonctions : vu qu'il y a telle fonction, qui ne peut s'exercer que par un fluide doué d'une certaine subtilité, et d'une certaine carrière ; tandis que tel autre effet, exige que son agent soit pourvu, d'une certaine autre subtilité, et d'une carrière plus ou moins longue.

« Je m'arrête un moment ici ; en faveur de certaines personnes, qui auroient de la peine à admettre plusieurs fluides *très-clair-semés;* lesquels cependant, seroient très-actifs; et dont les particules sont assez voisines les unes des autres, pour ne laisser apercevoir aucune interruption dans leurs effets. Je m'arrête, dis-je, pour faire apercevoir à ces personnes: 1°. qu'un fluide très-clair-semé, peut néanmoins être aussi actif qu'on veut; pourvu qu'il soit d'autant plus rapide: 2°. que ses particules peuvent être aussi voisines qu'on veut; pourvu qu'elles soient d'autant plus petites. Comparabilités, dont il est très-aisé de démontrer rigoureusement la réunion.

« Vous dites aussi : Que ces corpuscules qui se meuvent dans l'espace, y rencontrant les molécules des substances matérielles, *diversement perméables,* à raison de leur figure primitive, et de leur mode d'agrégation; ils y produisent, par la nature de leur impulsion, tous les effets dont vous leur faites honneur.

« J'ai le malheur de ne pas penser comme vous à cet égard; puisque je crois, au contraire : que ces molécules sont *également perméables* aux corpuscules gravifiques, malgré la diversité de leurs figures élémentaires, et de leurs modes d'agrégation. C'est même de cette *égale perméabilité* (presque parfaite) ; que je déduis, la *proportionalité* (sensiblement parfaite) des *poids* de toute sorte de corps, à leurs *masses*.

« Et comme quelques-uns de mes lecteurs pourroient ne pas saisir cela tout de suite; vu certaines objections très-rebattues contre la *possibilité* de toute explication mécanique de la pesanteur : je vais exposer en peu de mots, l'une des façons dont on peut concevoir la chose.

« J'aurai donc l'honneur de vous dire que je me suis rencontré (il y a environ trente-cinq ans) avec un ou deux autres physiciens antérieurs, dans la pensée suivante : Que la structure des derniers éléments de tous les graves, ressembloit à des *cages*, chacune d'une pièce; de grandeurs et de figures fort différentes peut-être; mais dont les barreaux (plusieurs millions de fois moins larges que longs et distants) étoient tous également épais : d'où découloient, pour tous les corps qui en étoient composés, d'une façon quelconque, des *imperméabilités* (aux corpuscules gravifiques seulement) sensiblement proportionnelles aux *masses*, et par conséquent des *poids*, qui suivoient sensiblement cette proportion.

« Mais (dites-vous ensuite): en s'abandon-
« nant à ces spéculations, on court le danger
« d'être comparé à la *fourmi*; qui, ne voyant
« qu'une petite partie d'un vaste édifice,
« chercheroit cependant (d'après les prin-
« cipes qu'elle s'est formés dans sa four-
« milière), à en établir les proportions et à
« *deviner* les vues et les moyens de l'archi-
« tecte qui le construisît. »

« Cette comparaison m'a fort étonné ;
venant de savants si bien instruits de tout
ce que l'entendement humain a su ajouter
aux chétives connoissances que nous tenons
de nos sens, aidés même de tous nos instruments.

> . . . . . . *quœ natura negabat,*
> *Visibus humanis; oculis ea pectoris hausit.*
>
> MÉTAM. Livre XV, vers. 63 et 64.

« Ou, comme l'exprimoit mon premier
maître en physique :

> *Hoc, animi ratio demum discernere debet ;*
> *Nec possunt oculi, naturam noscere rerum.*
>
> De naturâ rerum, livre IV, vers. 385 et 386.

« Car, sans m'étendre sur COPERNIC et
KEPLER, qui avoient beaucoup plus contri-

bué, par leurs méditations, à nous faire connoître la véritable disposition du monde, et ses canons mathématiques, que n'avoient fait mille observateurs tous ensemble : vous n'avez sûrement pas oublié : que dans le siècle dernier, il s'est trouvé une troisième *fourmi* ; (qui d'après les *principes* qu'elle s'étoit formé dans sa fourmilière), avoit su réduire ces canons, à une seule *loi dynamique*.

« Mais, par un excès de politesse ; vous n'avez pas voulu dire nettement : qu'il ne se trouve aucune *fourmi* dans ce siècle (lequel effectivement, ne fourmille pas de NEWTONS, du moins en fait de physique spéculative), qui soit capable de découvrir la *cause* de cette *loi*.

« Il ne falloit point vous gêner là-dessus ; et vous pouviez fort bien prononcer une distinction expresse entre fourmi et fourmi, sans me blesser le moins du monde, ni m'apprendre rien de nouveau. Eh ! qui sent mieux que moi cette extrême inégalité, ou plutôt cette énorme disproportion ; lorsque je descends en moi-même, après avoir osé lever les yeux sur l'ouvrage immortel de l'incomparable NEWTON !

« Je ne me rassure un peu, qu'en m'appliquant l'image connue, d'un *nain monté sur les épaules d'un géant*. Quant un homme médiocre, s'applique fortement et très-long-temps à un sujet ; en s'aidant de tous les progrès de ses prédécesseurs, et même du spectacle de leurs chutes ; il peut quelque-fois venir à bout, de ce qui a échappé aux regards des plus grands hommes : et cela, en partant même du coin le plus obscur : *Salire in coelum, ex angulo, licet ;* disoit Sénéque.

« Newton prévoyoit bien, qu'on pourroit aller plus loin que lui ; soit en suivant sa méthode, *l'analogie ;* soit surtout, en en suivant quelque autre, plus sûre encore (*huic philosophandi modo, vel veriori alicui :* préface de ses *principia*). Or vous savez peut-être, que j'ai soigneusement cultivé celle d'*exclusion*, dont il ne s'étoit pas occupé.

« Quand deux problèmes appartiennent à des genres aussi différents l'un de l'autre que le sont la recherche des *lois* et celle de leurs *agents* imperceptibles ; ils exigent des méthodes bien différentes ; et le génie le plus puissant, ne pouvant faire face à tout, il est bien obligé de laisser glaner quelque chose à ses successeurs ; au moins quand il n'est pas entré dans la route propre à réussir dans cette seconde recherche. C'est le cas d'un proverbe latin, qui porte : qu'un boîteux qui se trouve dans le bon chemin, peut mieux atteindre le but ; qu'un coureur, lequel n'auroit pas enfilé la seule route qui y conduit. *Si profiteremur* (disoit B A C O N , dans la seconde préface de son *novum organum*); *nos meliora afferre quàm Antiqui, eandem, quam illi viam ingressi. . . . Impar (fortasse) fuisset ea contentio ; ob virium nostrarum modum. Verum : cùm per nos illud agatur ; ut , ALIA OMNINO VIA , intellectui aperiatur , illis intentata et incognita ; commutata jam ratio est. . . . .*

« Encore quelques lignes, sur la présomption dont on semble être coupable, quand on cherche à *deviner les MOYENS de l'architecte qui construisit* l'Univers. Ce sera sur ce mot *deviner ;* qui offre l'idée ; ou d'une saillie fortuite, d'une espèce d'inspiration, à laquelle effectivement, il seroit bien peu philosophique de s'attendre ; ou d'un tâton-nement aveugle, qui seroit également indigne d'un philosophe. Sans doute que ce mot vous aura échappé, au lieu de celui de *dé-*

couvrir, qui indique une marche posée et régulière : ou, que vous aurez jugé trop avantageusement de tous vos lecteurs, pour craindre qu'aucun d'eux ne le prit trop à la lettre.

« Permettez moi de me défier un peu plus que vous de la pénétration commune, et d'informer vos lecteurs : que je puis parvenir à établir la réalité de mes mécanismes, et surtout celui de la *gravité*, par une marche analitique très-sévère : mais que je respecte trop le public ; pour la lui présenter, avant qu'elle soit rédigée convenablement, et qu'elle ait été précédée de certains préliminaires.

« La fourmi téméraire, à laquelle je *cours risque d'être comparée, chercheroit* (dites-vous aussi) *à deviner les vues de l'architecte qui construisít le vaste édifice dont elle ne voit qu'une petite partie.* Je suis donc obligé, de vous dire aussi quelque chose de mes recherches sur ces vues ; et en général, de la *teléologie*, ou *théorie des causez finales*, dont je me suis fort occupé depuis le milieu du siècle. Cette théorie auroit été publiée il y a plus de quarante et un ans, (ainsi que le savoient la plupart de nos ecclésiastiques), si j'en avois cru celui qui m'avoit aidé à la rédiger : rédaction dont deux copies incomplètes ont ensuite passé par différentes mains. Voici ce que j'imprimai en février ou mars 1761 ; dans les pages 92 et 93, d'un *Essai de chimie mécanique ;* que je distribuai aux personnes dont j'espérois obtenir des remarques critiques ». (Ici se trouve le morceau que j'ai déjà copié au § 43).

« Ce passage vous fait voir ; que j'ai connu de bonne heure, les écueils dont étoit semée la carrière des *causes finales ;* mais que je me suis flatté en même temps , d'avoir trouvé des moyens de les éviter. . . .

« . . . Seriez-vous de ces faiseurs ou collecteurs d'*expériences* , qui traitent la *physique spéculative* , d'occupation absolument inutile ? C'est ce qu'il m'est impossible de penser , vu la connoissance que je crois avoir de votre bon esprit. En effet : que les esprits froids et stériles , incapables de pousser leurs réflexions au-delà des conséquences immédiates et particulières de l'expérience , s'élèvent contre les méditations plus approfondies et plus générales ; cela ne me surprend pas : parce qu'un tel dépit , est l'effet ordinaire d'un amour propre humilié par le sentiment de son incapacité. « On traite volontiers d'*inu-*

« *tile*, ce qu'on ne sait point : c'est une es-
« pèce de vengeance ». (FONTENELLE ; préface du Renouvellement de l'Académie).
*Impudens est certè, sed tamen efficacissi-
mum ; ut quis ea omninò contemnere et vi-
lipendere se profiteatur, quæ revera assequi
non potest.* (BACON, *de Augmentis scientiarum*, Liv. VIII, Ch. II.)

« Mais que vous ; qui nous avez laissé entrevoir plusieurs fois, combien vous étiez
capables d'aller plus loin que cela, quand
vous voudriez vous en donner la peine, vous
vous abaissiez à faire chorus avec ces détracteurs intéressés à l'être ; c'est ce qui me surprend et m'afflige : et il me semble entendre
la *physique rationnelle*, dont il ne tiendroit
qu'à vous d'être de dignes apôtres, vous dire
douloureusement, comme CÉSAR à BRUTUS :
Et toi mon fils aussi !

« Une autre considération qui me détermine à douter, que vous ayez voulu décréditer *toute* étude de la *physique rationnelle ;*
c'est que je vous crois trop de générosité,
pour vous imputer de vous ranger du côté
des nombreux et bruyants oppresseurs, contre
le petit nombre timide des opprimés : d'autant plus que le rôle scrupuleusement laborieux

rieux de ces derniers, est déjà beaucoup plus difficile à jouer, que le rôle magistralement négatif des premiers.

« Effectivement : depuis une trentaine d'années, il est du bon ton parmi les physiciens, de déclamer en toute occasion contre l'*esprit de système* ; et il n'y a point de si chétif faiseur de belles phrases, qui ne croie se signaler, en donnant aussi son coup de pied à ce lion agonisant.

Chacun sur lui d'un coup veut honorer sa main.
                    LUTRIN, *chant IV*.

Il y a même quelques-uns de ces phénoménologistes, qui, dans leur préface, nous annoncent qu'ils se garderont bien de raisonner : et il faut convenir, qu'ils tiennent assez fidèlement parole ; encore plus par la qualité des raisonnements que par leur quantité.

« En général cette mode est devenue si tyrannique, que chaque auteur, prévoyant bien qu'il ne seroit point lu, s'il étoit soupçonné de s'en écarter, ne manque jamais de faire sa profession de foi à cet égard : savoir, en déclarant formellement, qu'il regarde l'usage du raisonnement en physique comme fort déraisonnable.

Tome. I.   T

« Je croirois donc vous faire injure, que de vous accuser de partager une prévention aussi outrée ; d'autant plus que vous n'aimez point les superfluités et trivialités. Or je le répète ; exalter sans restriction, les avantages (supposés exclusifs) de l'observation et de l'expérience, par dessus les spéculations et les systèmes, c'est aujourd'hui, *porter de l'eau à la rivière.*

« Mais n'ai-je point (imprudemment) décrié ma cause, en appuyant si fort, sur la *multitude* de ses adversaires ? — J'espère que non ; puisque j'ai glissé quelque chose sur le motif secret qui anime quelques-uns d'entr'eux ; et je vais insister encore, tant sur ce motif, que sur d'autres sources de cette *multitude* ». (J'en ai assez tracé la source, dans l'époque de l'*encyclopédie*, pour abréger ici).

« . . . Une quatrième source enfin, de l'extrême rareté des partisans de la recherche des *causes*, c'est la rareté du *recueillement* qui seroit indispensable pour suivre une chaîne de raisonnements un peu sévères, et dont il est presque impossible aux gens de lettres actuels de jouir, au milieu de la dissipation où ils vivent.

« Ce qui me porte à croire, que quelques-uns (au moins) des physiciens qui dédaignoient hautement la recherche des *causes*, n'étoient pas sincères ; c'est d'avoir observé : que quand il leur arrive cependant ensuite, d'en trouver eux-mêmes quelqu'une, ils en sont si flattés, qu'ils l'étalent tout de suite avec complaisance, comme beaucoup plus importante et probable qu'elle n'est. . . .

« Je conviens donc bien : que les faits, leurs conséquences prochaines, et leurs applications aux arts importants (tel que celui de guérir), sont ce qu'il y a de plus accessible, de plus solide, et de plus matériellement utile dans la physique : et je blâme seulement ceux de ces législateurs, qui font de cette proposition, une règle pour tout le monde. A la bonne heure, que quatre-vingt-dix-neuf physiciens sur cent, s'occupent sous ce point de vue là : mais qu'il soit au moins permis au centième, de grouper ces résultats épars, et d'en presser les conséquences ultérieures. . . .

« Il s'agiroit à présent, d'articuler enfin tout de bon, les *usages* qu'on pourra retirer de la connoissance intime des principaux *agents naturels*, dont plusieurs n'étoient connus que par leurs *effets*. Mais la longueur de cette pièce, excédant déjà celle des pièces *non-britanniques* que vous admettez quelquefois dans votre excellente *bibliothèque britannique*, pour compléter ou rectifier certaines choses, je suis obligé de la terminer ici.

« Et comme cependant, il seroit trop désagréable de laisser entièrement vos lecteurs dans la prévention que le poids de votre suffrage leur aura inspirée ; je me suis avisé d'un expédient, qui obviera en partie à cet inconvénient, sans s'écarter des écrits que le titre de votre journal semble annoncer exclusivement : c'est de vous prier, de donner place dans deux ou trois autres cahiers, à une pièce qui sera intitulée : *Suffrages britanniques, favorables à la physique spéculative.* » (La première section de cette pièce, concernant Bacon, parut en effet, et c'est celle que j'ai copiée dans la IIme. partie).

81. Les *usages* de son *système* sur lesquels M. le Sage se taisoit, sont très grands. C'est la réalisation de l'espérance de Bacon, lorsque, définissant la philosophie naturelle, et la divisant en *spéculative* et *opérative*, il lui assignoit comme deux *échelles* ; l'une *ascendante* des *expériences* aux conclusions

générales sur les *causes* ; l'autre *descendante* de ce point , à d'autres branches de *phénomènes* , pour y découvrir les *causes* subordonnées : faisant voir que les découvertes par cette méthode étoit d'autant plus probables , que le manque de succès des recherches précédentes paroissoit provenir de ce qu'on ne l'avoit pas tentée.

82. Ce fut l'échelle *ascendante* que M. LE SAGE forma d'abord ; en remontant, par tous les phénomènes du *mouvement* et de la *pesanteur* , au seul *agent* possible de cette dernière : *agent* , dis-je , si précisément, et si exclusivement *calqué* sur l'*effet* , qu'il doit exister, puisque l'*effet existe*. Lorsqu'on voit dans une laiterie , tous les ustensiles de bois marqués d'une *même marque* , en caractères *profonds* et *charbonnés* , on ne balance pas à croire, que ces *marques* ont été faites par un *instrument brûlant* , quoiqu'on ne l'ait pas vu ; et si quelque *sceptique* vouloit en douter, on le laisseroit dans sa manie , sans lui répondre. Cependant, ce n'est-là qu'un foible emblème de l'impossibilité , de révoquer en doute l'existence d'un *agent* de la *gravité* , tel que l'a décrit M. LE SAGE ; parce que les rapports de l'*effet* à la *cause* sont

beaucoup plus grands , plus nombreux, plus exclusivement déterminés , et parce qu'en même temps , ils s'étendent à beaucoup d'autres *phénomènes.* Ce dernier point, est ce qui constitue les *usages* dont M. le Sage s'est abstenu de parler dans la pièce précédente , et auxquels je viens maintenant.

83. Arrivé à cette hauteur dans les *causes physiques* , et examinant les autres *phénomènes* assez généraux pour que leurs *causes* dussent s'élever bien près de ce point ; tels que la *cohésion* et les *affinités chimiques ;* des *agents intermédiaires* se présentèrent à M. le Sage , comme étant d'une nécessité absolue. Alors les *fluides expansibles,* dont un certain nombre nous sont déjà certainement connus , quoique s'éloignant eux-mêmes de plus en plus de nos sens , devinrent pour lui un objet de très-grande attention. Après la *pesanteur* , l'*expansibilité* est l'une des *formes* les plus essentielles dans les *phénomènes* de l'Univers ; et c'est ainsi, comme on le verra dans la suite , que Bacon la considéroit. Mais de plus , les fluides dont elle est le caractère distinctif , ne sont pas seulement des *agents* immédiats dans presque tous ces *phénomènes* ; ils sont encore , dans

un très-grand nombre de cas, prêts à fournir leurs substances à des combinaisons chimiques ; et en beaucoup d'autres, ils naissent de ces combinaisons. Ainsi, montrer en quoi consiste l'*expansibilité*, et faire voir qu'elle est un des *effets* de l'*agent* même de la *pesanteur*, c'étoit certainement *allumer* le plus grand *flambeau* possible dans les sciences naturelles. Mais aussi quelle entreprise ! Et dans le temps où nous sommes. BACON va définir ce qu'elle exigeoit.

84. Le morceau que j'ai en vue, est dans les *Aphorismi et consilia de auxiliis mentis, et accensione luminis naturalis* ; sous le titre : *de Interpretatione naturæ*. Ce passage est un peu long ; mais ceux qui désirent savoir comment on peut parvenir à *interpréter* sûrement la *nature*, et quelles dispositions d'esprit il faut acquérir pour cela, n'auront pas regret à sa longueur ; parce qu'ils comprendront en même temps, par les contraires, comment il a existé tant de fables sur la nature, aussi mobiles que l'imagination.

« ART. Ier. L'homme, ministre et interprète de la nature, ne fait et ne comprend rien, que d'après ce qu'il a *observé*, soit immédiatement dans les *choses*, soit par induction dans son *entendement ;* lui-même participant aux lois de la nature.

« VII. Celui qui, avant toute chose, n'aura pas profondément sondé la marche de l'esprit humain ; qui n'y aura pas étudié les routes des sciences, et le siége des erreurs (toutes masquées et comme enchantées), et n'aura pas dissipé ces *prestiges ;* ne pourra pas *interpréter la nature.*

« VIII. Celui qui cherchera les *causes* des *phénomènes* tels qu'ils se présentent au commun des hommes ; c'est-à-dire, composés de plusieurs (tels que la flamme, les songes, la fièvre), sans les réduire à leurs *composants simples ;* comme par distillation ; pourra bien (s'il est conséquent d'ailleurs) ajouter quelque chose de passable, même d'ingénieux, aux découvertes déjà faites : mais il n'ouvrira aucune route majeure, et comme *séculaire ;* et il ne méritera pas le titre d'*interprète de la nature.*

« IX. Celui qui entreprend cette *interprétation,* doit d'abord s'y préparer, en se proposant ; — de ne se laisser entraîner, ni par les anciennes idées, ni par la coutume, ni par les nouveautés ; — et de se tenir aussi éloigné du *désir de contredire,* que de l'as-

servissement à l'autorité. —Qu'il ne soit point trop prompt à *affirmer*; mais qu'il cherche les *preuves* à chaque pas. — Que l'espérance de *découvrir*, et non la *jouissance* après la découverte, lui serve d'aiguillon. — Qu'il n'estime pas les choses par leur *rareté*, par la *difficulté*, ou par la *louange* qu'il peut obtenir ; mais par leur *importance intrinsèque.* — Qu'il fasse attention dès l'entrée, aux *erreurs* qui peuvent être dans les *vérités*, et aux *vérités* voilées par des *erreurs*; n'admettant d'abord, ni ne méprisant rien. — Qu'étudiant les dispositions des autres, il se rende maître des siennes, et ne s'enflamme point contre celui qui jette la pierre. — Qu'il parcourt les choses d'un œil ; et que de l'autre il voie l'utilité qui peut en résulter pour les hommes. — Qu'il étudie soigneusement la nature des *mots* ; car elle est mêlée d'aides et d'obstacles. — Qu'il ait pour fondement d'espérance, que *l'art de découvrir*, naît des *choses découvertes.* — Que dans la science où il aura fait des progrès, il ne soit, ni caché, ni vain proneur; mais ouvert, et prudent : qu'il communique ses découvertes sans ambition, ni envie de nuire ; mais pour qu'elles puissent aider à d'autres : qu'il les communique d'une manière vive et forte, préparé *aux obstacles des temps*, et bien résolu *de propager la science* : mais évitant de produire des erreurs ; et pour cet effet, qu'il se serve à lui-même d'examinateur sévère.

« X. S'étant ainsi préparé et réglé, l'*interprète* doit procéder de cette manière : — Il considérera les moyens de l'homme, et s'efforcera de surmonter les obstacles. — Alors il travaillera à préparer l'*histoire* : il la distribuera en *cartes*, par ordre, avec les *occurrences*, et des *notes*. — Il indiquera les choses *uniques*, et celles qui *se ressemblent*. — Il fera un choix des choses qui sont *primitives*, ou *instantes* : c'est-à-dire ; il mettra en ordre, les choses qui pourront se rapporter à d'autres ; et celles qui déjà pourroient tourner à l'avantage des hommes. — Il prendra garde de distinguer l'importance des cas, comme pouvant servir à abréger la marche des recherches. — D'après les lumières que lui aura fournies ce premier tableau, il commencera à mettre les choses dans un nouvel ordre : formant des *cartes* qui puissent conduire à l'*interprétation* ; la rendre facile et comme spontanée ; en même temps que l'esprit, préparé par cette marche, sera plus disposé à la saisir.

« Quand l'*interprète* se conduira de cette manière, il découvrira par degrés dans la nature, de vraies, stables, et simples marches des choses ; du progrès desquelles naîtra une *lumière* pure, réelle et permanente, qui *éclairera les choses présentes et celles qui suivront dans une progression continuelle.* — En attendant il ne négligera rien de ce qui a été recueilli depuis que les hommes observent ; et entièrement voué à l'avantage du genre humain, par l'amélioration de l'état des choses, il s'occupera aussi à arranger celles-là, pour qu'elles y servent de quelque manière. — Il annoncera les secrets de la nature qu'il aura découverts dans cette marche, soit qu'ils soient absolument nouveaux, soit qu'ils viennent s'ajouter à d'autres. Il sera devenu ainsi comme une seconde nature, capable de beaucoup de choses nouvelles (dont il prendra soin d'écarter les erreurs); et on lui devra le privilége des arts qu'il aura inventés ». (Les détails deviennent maintenant trop particuliers, soit sur les mêmes objets, soit sur les erreurs passées, et sur les obstacles qu'on a rencontrés en ne suivant pas cette marche, pour avoir place ici ; je conclurai donc par une des remarques finales, renfermées sous le titre : *De interpretatione naturæ proœmium*, qui termine ce beau morceau).

« Si quelqu'un, qui n'auroit fait aucune découverte particulière, du moins importante, avoit cependant *allumé* un *flambeau* dans la nature, propre à éclairer les bords des choses qui touchent à celles que l'on connoissoit déjà ; et qu'ensuite, ce *flambeau* étant exhaussé, il vienne à dévoiler et faire voir les choses les plus abstruses ; cette homme-là me paroîtroit étendre l'empire de l'homme sur l'Univers, ainsi que le délivrer de ses fers et de ses entraves ».

85. J'avois résumé au § 69, les règles *physiques* de BACON, pour procéder efficacement dans l'étude de la nature ; ici on l'a vu concentrer lui-même les règles *morales* dont tous ses écrits sont aussi parsemés ; et il avoit bien raison de les joindre aux premières, puisque leur oubli, trop souvent volontaire, a été (suivant son style) *une vraie calamité dans les sciences*. L'aspect de ce tableau intéresse autant le cœur que la raison ; et n'eût-il produit aucun effet dans les scien-

ces, ce seroit toujours le projet d'une belle âme. Or c'est encore, dans cette contemplation abrégée du passé et de l'avenir, quant à la *science humaine*; c'est en voyant le peu de progrès qu'elle avoit fait depuis que les hommes observoient, et après avoir rassemblé tout ce que sa grande sagacité pouvoit lui fournir pour les conduire dans cette étude, que BACON s'arrête avant que de conclure, pour exhorter ceux qui se livrent aux recherches, à tenir toujours très-distinctes, les *instructions divines* d'avec les foibles *connoissances* qu'ils pourront acquérir sur la *nature*; pour subordonner toujours celles-ci aux premières : montrant ainsi, qu'il n'avoit pas moins étudié les vrais besoins des hommes en société, que leur cœur et leur entendement.

86. Ce vrai mouvement donné à l'étude de la nature, quoique traversé par le caprice et les penchants de bien des hommes, n'a cependant pas été sans effet ; car il régnoit dans la physique, et se répandoit toujours à quelque degré de proche en proche, quoiqu'on ne songeât pas à celui qui l'avoit imprimé. COPERNIC, GALILÉE, KEPLER, avoient déjà rassemblé les ingrédients d'un

flambeau qui devoit *éclairer les bords* des
plus grandes *choses* dans la nature. Newton
alluma ce *flambeau*, dont aussitôt la lumière
se répandit sur une multitude d'objets : mais
elle ne les pénétra point encore ; parce qu'il
est bien rare qu'il se trouve d'abord des
hommes capables de se mettre comme bout-
à-bout avec de grands génies, quand ceux-
ci ont quitté ce monde sans y avoir conduit
à fin toutes leurs vues. On a étendu, il est
vrai, les applications de la *théorie* de la *gra-*
vité, qui, plus elle a été comme pressée,
plus elle s'est montrée exacte et profonde ;
et M. de la Place en particulier, digne
successeur de Newton quant à la sagacité et
la force de l'analise mathématique, a fait à
cet égard les pas les plus intéressants. Mais
personne n'avoit encore suivi une autre vue de
ce grand homme ; celle de déterminer la
cause du *phénomène* qu'il avoit découvert ;
ce dont on se dispensoit, en prenant le
phénomène pour une *cause primitive* : et
c'est à M. le Sage, que nous devons la découverte de cette importante *cause*, dont
les conséquences ont été très-grandes, pour
l'avancement de la physique. C'est lui, dis-je,
qui s'est mis enfin, comme bout-à-bout avec

Newton; quant à cette partie de ses vues, nées dans une carrière longue et laborieuse, dont les autres objets exigeoient presque toute son attention. C'est donc en se vouant entièrement à cette partie, muni de tout ce qui étoit nécessaire pour le succès, que M. le Sage est parvenu à déterminer la *cause* de la *gravité*, avec autant d'évidence qu'il y en a à l'égard du *phénomène* lui-même, considérée dans les *corps célestes*.

87. Tandis que mon ami poursuivoit assiduement ces recherches, auxquelles je prenois beaucoup d'intérêt pour elles-mêmes, sans voir encore à quoi elles viendroient aboutir; je m'occupois de physique expérimentale : non pour produire seulement des *phénomènes*, mais pour en chercher les *causes*. J'avois senti de bonne heure, que les plus grands mystères de la physique terrestre étoient liés aux *fluides expansibles* : c'est pourquoi mes expériences avoient eu principalement pour objets, l'*air*, les *vapeurs*, le *fluide électrique*, le *feu* et la *lumière*. Mais plus j'avançois, plus je voyois les mystères s'étendre, même sur les objets dont on se croyoit le mieux instruit; et je sentois ce que dit Bacon : que jusqu'à ce

qu'on eût découvert les *formes* de ces *fluides*, leur *nature intrinsèque*; on ne pourroit démêler leurs *modifications*, qui pourtant paroissoient liées à tous les phénomènes terrestres. Mais enfin M. le Sage vint répandre la lumière sur ce champ; en assignant pour *cause immédiate* de l'*expansibilité* de ces *fluides*, l'agent même de la *gravité*.

88. Le lecteur ne doit pas oublier mon plan : il est moins de détailler des *découvertes*, que de retracer ce qu'a enseigné Bacon sur l'*art de découvrir*, si essentiel, non pas seulement pour les découvertes, mais pour ne pas se tromper lorsqu'on croit en faire. Ceux donc qui désirent de saisir les vues profondes de Bacon à cet égard, ne me sauront pas mauvais gré de suivre son exemple, en revenant souvent comme lui, sur les mêmes règles ou remarques, quand elles sont importantes, et que c'est à leur oubli qu'est dû le peu de progrès des connoissances profondes sur la nature. Ceux que ces répétitions fatigueroient, ou sont déjà fort avancés dans cette carrière, ou n'y entreront jamais.

89. J'avançois par degrés dans la découverte
des

des modifications *extérieures* de quelques *fluides expansibles*, et j'en voyois déjà dériver des applications utiles, ainsi que l'explication de divers phénomènes jusqu'alors embarrassants ; cependant, je sentois ce que j'ai vu ensuite exprimé par BACON et que j'ai déjà cité ; « Que ceux qui ne s'occupent « que des *causes immédiates* des *phéno-* « *mènes*, tels qu'ils se présentent d'abord « aux hommes ; c'est-à-dire composés de « *plusieurs* ; sans les réduire à leurs *com-* « *posants simples* ; pourront bien ajouter « quelque chose aux découvertes déjà faites ; « mais qu'ils n'ouvriront aucune route ma- « jeure, et comme *séculaire* dans la na- « ture ». Or quel est le *composant* le plus *simple* dans les *phénomènes* des *fluides ex- pansibles*, y compris les *fluides aériformes*, si ce n'est l'*expansibilité* ? Et cependant, c'est à quoi l'on a le moins songé dans les recherches de ces derniers *fluides*.

90. Je fus long-temps obligé de suivre cette marche *superficielle* ; mais j'oserai ajouter, que je ne m'y plaisois pas : j'avançois dans les routes que j'avois choisies ; mais je n'aimois pas à demeurer à la *surface* ; je cherchois à pénétrer dans l'*intérieur*, et je n'y

Tome I.   V

trouvois encore aucune route ; lorsque M. LE SAGE vint l'y ouvrir.

91. *L'expansibilité*, ai-je dit, étoit, après la *pesanteur*, celui des *phénomènes généraux* dont il étoit le plus important de découvrir la *nature* ; car quelle idée peut-on se former de ce qui se passe *au sein* de ces *fluides* hors de la portée des *sens*, si l'on ne connoît pas, — 1. de quelle sorte de *particules* ils sont composés ; — 2. pourquoi elles tendent à s'*écarter* les unes des autres ; — 3. et comment elles peuvent être affectées par d'autres dans cet état d'écartement ? C'étoit à l'entendement de suivre ces effets qui échappent à la vue ; mais n'y trouvant aucune route tracée, il s'en retiroit et faisoit place à l'imagination, qui forme la nature à son gré, et en fait un vrai Protée. Quelle peine n'a pas donné à BACON, l'ignorance où l'on étoit sur les phénomènes de cette classe ! Il ne les voyoit que sous d'épaisses enveloppes ; mais il s'efforçoit d'en bien tracer les contours, pour ne pas se tromper sur leurs genres. Les *approches* et *fuites*, quoiqu'il les employât quelquefois d'une manière figurée, étoient pour lui des mots vides de sens, quand on les considéroit comme exprimant des *propriétés* de la ma-

tière; mais il ne voyoit point encore ce qui pouvoit produire ces effets. Il ne connoissoit pas le *poids* de l'*air*. En ce temps-là, tout ce qui *s'éloignoit* de la terre (les bulles de savon, par exemple, ou les vapeurs) étoit nommé corps *légers*; et ce qui *tomboit*, corps *pesants* : l'*air* étoit une sorte de substance *intermédiaire*, à laquelle se rapportoit la comparaison. Mais BACON ne regardoit ces désignations, que comme des noms donnés à certaines apparences, et il insistoit partout, non seulement, sur ce qu'on ne pouvoit bien connoître *aucune chose* dont on n'avoit pas découvert la *cause*, mais sur ce qu'il y avoit bien peu de *choses* dont on pût découvrir la *nature* en bornant les recherches *à elles seules*.

92. Nous approchons du point où BACON, comme le dit d'ALEMBERT, « fit naître la *physique expérimentale*, à laquelle on ne pensoit point ». Si cependant, sur cette annonce, on regardoit les écrits de ce grand homme sous le point de vue d'ouvrages de *physique expérimentale*, tels que ceux qui abondent maintenant, on se tromperoit beaucoup; et c'est probablement parce qu'on n'y trouve rien, ou ne croit rien y trouver à ap-

prendre de cette espèce, qu'ils demeurent aujourd'hui dans les bibliothèques sans presque
aucun usage. On y trouve, il est vrai, une
multitude d'expériences indiquées sur tous
les objets : *fiat experimentum, videndum,*
sont des expressions très-fréquentes dans ses
fables, cartes, fils de labyrinthe; mais il y
en a peu d'exécutées, et nombre de celles qui
sont indiquées ont en vue des objets, ou qui
n'existent pas, ou qui existent autrement
qu'on ne l'imaginoit alors; de sorte qu'à ne
considérer que les *expériences* même, on le
prendroit pour un écolier : il l'étoit en effet,
mais écolier de la nature, dont il nous a trans-
mis de grandes leçons générales (*).

(*) L'auteur du *Recueil de Paris*, qui a vraiment
étudié les ouvrages de BACON, donne en peu de mots
une idée très-juste de celles de leurs parties qui concerne proprement la *physique;* en même temps qu'il
insiste sur l'importance de ce qui l'achemine à en
parler ; ainsi, je ne fais que développer un peu plus,
l'idée renfermée dans le paragraphe suivant. « Les
« vues qu'ouvre BACON, pour varier et pousser plus
« loin les expériences déjà faites, portent le carac-
« tère de sa grande pénétration. Il a, sur la foi
« d'autrui, rapporté le plus grand nombre de ces
« expériences ; aussi a-t-il été souvent induit en
« erreur : les raisons qu'il rend des phénomènes, il

93. Lorsqu'avec les connoissances déjà acquises sur les routes qu'il nous a tracées, on voit BACON les chercher et y entrer, on se trouve comme quelqu'un qui seroit monté sur une tour, placée assez avant dans un immense labyrinthe (dont le centre est caché) et qui est muni d'un instrument acoustique, comme d'une lunette. Il voit une foule de gens courrir, aller et venir dans les routes extérieures; et il les entend raconter à ceux qui restent au-dehors, les progrès qu'ils prétendent y avoir faits; quoiqu'il les ait vus *s'agiter seulement sur les bords*, *comme dans un cercle.*

« faut en convenir encore, ne sont pas toujours
« fort satisfaisantes : mais il nous a conduit jusqu'à
« la porte de la physique expérimentale ; cette porte,
« il nous l'a même ouverte ; il nous a invité d'entrer ;
« cependant il n'est pas entré lui-même ; cela étoit
« réservé à l'incomparable BOYLE et à ses succes
« seurs. Il est même très-heureux, que BACON ne se
« soit pas occupé de vérifier et de faire lui-même
« les expériences : ces expériences, dont le nombre
« auroit toujours été très-borné, pouvoient être faites
« par d'autres, comme elles l'ont été effectivement ;
« et elles lui auroient emporté un temps considé
« rable, qu'il a consacré à des ouvrages bien plus
« intéressants, et qui ne pouvoient être faits que par
« lui seul ». (VIE DE BACON, p. clvij).

Les disputes naissent entr'eux sur des *priori-
tés de date*, et pour des riens : les *plans* qu'ils
ont tracés de ce qui est plus avant, se contre-
disent les uns les autres ; de sorte que quelques-unes des personnes restées au-dehors,
voyant ces contrariétés, et ne trouvant rien de
démontré dans aucun des plans, décident que
le labyrinthe est inaccessible. Au milieu de
cette confusion, l'observateur élevé remarque
un homme nouveau, qui, après avoir écouté
tous ceux qui avoient fait des tentatives avant
lui, entre lui-même dans le labyrinthe. Celui-ci ne court pas çà et là, il observe les
routes dans lesquelles il sait qu'on s'étoit éga-
rés, il en étudie les causes, et marque ces
routes pour qu'on n'y entre plus. Après s'être
avancé en divers endroits jusqu'à certains
points, il travaille à ébaucher un plan du labyrinthe : quand il rencontre les chemins qui
se fourchent ; il s'arrête, et cherche d'après
l'ensemble de ce qu'il a déjà remarqué, quelle
est probablement la meilleure direction. Ce
seroit un objet important pour le pays, que
d'atteindre au centre de ce dédale, ou d'en
approcher du moins autant qu'il seroit possible ; c'est pourquoi cet homme y consacre
tous ses efforts ; mais voyant que l'entreprise

est beaucoup au-dessus des forces d'un seul individu, il tourne ses vues vers la découverte de quelques règles générales pour la suite des tentatives. L'entrelacement des routes est si grand, si compliqué, quoiqu'elles paroissent faites sur un même plan, que si cette dernière circonstance promet du succès, l'autre lui prouve, qu'on ne parviendra jamais bien avant, en faisant les recherches par un seul point : il faut tenter de toute part; ranger sur des *cartes* les routes parcourues; placer ces *cartes* à leurs *distances* réelles, autant qu'on pourra les déterminer; et ne point tenter de les joindre en les déplaçant, parce qu'on empêcheroit par-là de découvrir leurs *rapports* réels : il faut donc travailler à remplir les vides, ou par des recherches réelles, ou par des inductions raisonnables. Voilà ce que cet homme recommande à ceux qui le suivront : ses *cartes* ne sont pas bien *avancées*, mais elles sont déjà assez bien *placées*; et il conseille à ceux qui continueront ce travail, lorsqu'ils seront parvenus assez avant dans ses routes, ou dans les nouvelles qu'ils pourront découvrir, de rétrograder vers les espaces déjà connus, pour tâcher de découvrir les *communications* des uns aux autres;

V 4

ce qui seroit le seul moyen de parvenir à déterminer le plan général de l'arrangement des choses, dans ce vaste terrein d'où sortent nombre de ruisseaux qui arrosent le pays ; pour juger par-là si cet ensemble, a été établi *avec dessein.*

94. Tel paroît BACON, aux yeux de ceux qui, ayant saisi ses *fils de labyrinthe* (comme il les nomme lui – même), les ont suivis d'après ses règles. C'est dans les lieux où les routes de recherche se *croisent*, qu'il a désigné l'*experimentum crucis*, dont l'expression a été dès-lors consacrée : mais il a déterminé une multitude d'autres classes, genres et espèces d'*expériences* et *observations*, toutes désignées par des noms *significatifs*, qui ont du rapport ou aux différents cas, ou à leur degré d'influence, pour ouvrir ou déterminer de nouvelles *routes*, et les suivre avec succès ; c'est à quoi je viendrai dans la suite. Il ne voyoit pas lui-même encore où aboutiroient la plupart des *routes* qu'il avoit déjà ouvertes ; mais nous ne lui devons pas moins de nous avoir mis sur la voie ; et ses préceptes sont aussi essentiels aujourd'hui que de son temps, pour ramener ceux qui, malgré leurs talents capables de plus, s'étant laissé persuader

qu'on ne peut pénétrer dans le labyrinthe de la nature, s'amusent seulement à en dessiner avec plus de détails quelques-unes des premières avenues.

95. J'ai rappelé ci-dessus, qu'au temps de BACON, on ignoroit que l'air *tombât* vers la terre : c'est à l'immortel PASCAL, saisi du fil qu'avoit fourni CORITELLI, que nous devons cette grande découverte, qui auroit ouvert bien des routes à BACON. Cependant il étoit près lui-même de faire cette découverte, et de plus grandes encore, par d'autres routes que le *baromètre :* il connoissoit la *compressibilité* de l'*air*, et des moyens de le *dilater;* sur quoi il avoit fait de premières expériences : il savoit aussi, que l'*air* étoit plus *rare* sur les montagnes que dans les plaines ; et s'il fût parvenu à découvrir qu'il se *dilatoit* sans limite sensible, à mesure qu'on lui laissoit plus d'*espace*, il étoit assez pénétrant pour en avoir conclu : que puisque pourtant il demeuroit à la terre, il falloit qu'il tendît à *tomber* vers elle. Il n'étoit point retenu dans cette carrière, comme la plupart de ses prédécesseurs et contemporains, par une répugnance à admettre le *vide :* quand il parloit des phénomènes que quelques physiciens attribuoient à

une *horreur* de la nature pour *le vide*, et dont cependant il ne voyoit pas les causes, il ajoutoit : «C'est, *dit-on*, pour empêcher que le « *vide* ne se fasse ». Mais il faut l'entendre lui-même sur ce sujet, ainsi que sur l'importance qu'il attachoit à la découverte d'une cause de l'*expansibilité* de la matière.

96. C'est dans sa première introduction à l'*Histoire du Rare et du Dense*, après l'*Histoire des Vents*, que Bacon s'explique particulièrement à cet égard ; surtout au début et dans la conclusion, que pour cette raison je placerai ici.

« Il n'est pas étonnant que la nature soit encore *débitrice* aux *sciences* et à la *philosophie*, puisqu'on ne la point encore *sommée* par les voies régulières *de rendre compte*. Par exemple ; on ne s'est point mis en devoir de s'enquérir diligemment, du *quantum* de *matière*, ni de sa *distribution* dans les différents corps ; aux uns *beaucoup*, aux autres *peu*. On a traité, il est vrai, à cette occasion, de la manière dont les corps peuvent se *dilater* ou se *condenser*, sans que cependant il y ait du *vide* en eux ; mais tandis que les uns ont attribué le *dense* et le *rare*, à l'abondance et à la disette de *matière* ; d'autres ont éludé cet objet; et plusieurs, avec une foi implicite en leurs maîtres, l'ont traité et arrangé par la froide distinction, d'*acte* et de *puissance.*

(Bacon donne alors le plan de sa longue *Histoire du Dense et du Rare,* qui se trouve ensuite dans les *Impetus philosophici;* où elle commence par la *Table des pesanteurs spécifiques* de 73 corps différents, dont il a déterminé, par ses propres expériences, les *différentes quantités de matière, sous un même volume;* ce à quoi il réduit l'idée de dense et de rare. Puis, en finissant l'*introduction.*)

« Nous avouons ingénument (dit-il), que cette recherche de la *quantité de matière,* ainsi que la déduction des conséquences, seront des choses très-difficiles; mais cela sera bien compensé, par l'immensité de son usage, qui s'étend à tout. Car connoître la *densité* et *rareté* des corps mais *surtout,* les *raisons* de la *condensation* et *raréfaction,* seroit une chose de l'importance la plus grande, soit dans la spéculation, soit dans la pratique. Puis donc que c'est-là une chose (et je ne sais s'il en est quelqu'autre qui l'égale) visiblement fondamentale et universelle, nous devons nous préparer *à l'aborder :* car tant qu'on ne l'aura pas saisie, la *philosophie* sera entièrement décousue et comme dissoute ».

97. Voilà ce que disoit BACON il y a près de deux siècles. Plus on étudie les découvertes postérieures, et les vides qui s'y trouvent encore, plus on est frappé de la profondeur de cette remarque, avec si peu de moyens pour y parvenir ; on en a acquis beaucoup dèslors, et cependant il sembleroit qu'on ne fût plus en état, de la comprendre, du moins parmi le plus grand nombre de ceux qui se disent physiciens. Mais c'est ce qui arrive souvent : l'homme de vrai génie peut plus, quant aux grandes choses, avec les grossiers instruments qu'il se fait lui-même, que les hommes de génie médiocre ne peuvent seulement perfectionner, dans les atteliers les mieux fournis. Que n'auroit pas découvert BACON, s'il eût eu connoissance de la *production* de tant de différents *fluides aériformes*, de leurs *compositions, décompositions, transmutations* entr'eux et avec les *solides* et *liquides !* Mais il ne se seroit pas arrêté à *recueillir des gages de premières manipulations ;* car il interdisoit cette récolte aux *physiciens*, disant ; que c'étoit *moissonner son blé en herbe.* On le verra encore, malgré sa disette de faits,

s'élever jusqu'aux grands mystères de la *météorologie ;* et il étoit sur la route de ce qu'il cherchoit comme si important, lorsqu'il fut capable de dire : « Que la *configuration* des « particules et leurs *mouvements* étoient des « objets de la plus grande importance : et « qu'il n'étoit point étonné, que la connois- « sance des *causes* n'eût fait aucun progrès, « tant qu'on ne les avoit cherchées que dans « des principes *tranquilles ;* puisque c'étoit « sans doute dans des principes *agités* qu'il « auroit fallu les chercher ».

98. On peut donc voir maintenant que si Bacon eût seulement connu le *poids* de l'*air,* il seroit infailliblement arrivé à la théorie de Dan. Bernouilli : la même que se forma aussi M. Le Sage ; et la seule qui puisse rendre raison des phénomènes mécaniques ordinaires des *fluides expansibles ;* savoir : qu'ils sont *discontinus ,* composés de *particules* discrètes, jouissant du *mouvement.* Mais il s'y seroit peut-être arrêté ; parce que les lois de la *communication* du *mouvement* ne lui étoient pas encore assez connues. Dans cette théorie, la *pression* qu'exercent les *fluides expansibles ,* s'opère par les *chocs* de leurs particules contre les corps : or , par cette

action même, les particules doivent perdre leur *mouvement*, en le *communiquant* aux corps qu'elles frappent ; comment donc peuvent-elles continuer de se *mouvoir*?

99. Si Bacon fut arrivé à ce point, nous savons la marche qu'il auroit indiquée. Il avoit déjà pu dire : « On ne s'occupe des *prin-* « *cipes moteurs* presque qu'en passant, et fort « négligemment ; quoiqu'ils soient la chose « la plus considérable, et la plus utile de « toutes » : il auroit donc certainement conclu ; qu'il falloit chercher le *principe moteur* par lequel les particules de ces *fluides* reçoivent de nouvelles impressions de *mouvement*, chaque fois qu'elles l'ont perdu, en frappant contre quelqu'obstacle ; et la necessité de cette recherche sera sentie par tous les physiciens à qui les lois du *mouvement* sont connues, lorsqu'après avoir attentivement examiné les différentes actions des *fluides expansibles*, ils se seront convaincus qu'elles ne peuvent être exercées que par des *particules* en *mouvement*, comme je le montrerai dans un ouvrage de Physique, qui ne tardera pas, j'espère, à suivre celui-ci.

100. Or c'est la découverte de ce *principe moteur*, que nous devons à M. Le Sage.

L'existence des *corpuscules gravifiques* étant une fois démontrée, à l'*exclusion* de toute autre cause imaginable de la *gravité*; c'étoit-là un *principe moteur* dans tout l'*Univers*, établi dès le commencement par le CRÉATEUR. Il ne s'agissoit donc plus que de découvrir, quelle *configuration* devoient avoir les particules des *fluides expansibles* pour que ces *corpuscules*, quoique les frappant tout le tour, les missent néanmoins en *mouvement* suivant quelque *direction*. Une telle recherche étoit encore dans les principes de BACON, qui avoit dit : «C'est des *tissus* et « *configuration* des corps, que dépend toute « *propriété* des choses ». M. LE SAGE chercha donc, avec toutes les ressources des principes de la mécanique, quelle devoit être cette *configuration;* et il trouva enfin : qu'un *creux*, sur l'une des faces des *particules*, donnoit aux *corpuscules gravifiques* le pouvoir de les mettre en *mouvement*, suivant une *direction* dans laquelle le côté du *creux* seroit comme la *proue*. Et la solidité de ce système se montra ensuite, par toutes ses conséquences : car, suivant la *configuration*, tant des *creux*, que de quelque *rebord*, on voyoit naître des *fluides expansibles* de différentes espèces distinctes, quant à leurs actions *mé-caniques*. Et en redescendant delà, suivant le précepte de BACON, dans les diverses branches de la physique expérimentale ; ce système mécanique vint y répandre la lumière dans leurs parties les plus obscures.

101. Pourquoi donc ne voit-on point encore cette grande découverte influer généralement sur les progrès de la physique? C'est que ce que disoit BACON de son temps, est encore plus vrai depuis les *encyclopédistes*. « L'opinion a prévalu, et s'est même *invété-* « *rée* que l'essence des *formes*, ou les *vraies* « *différences des choses*, sont au-dessus de « toute recherche humaine. On accorde du « moins ainsi que si la découverte des *formes* « étoit possible, ce seroit la plus éminente « partie des sciences : et quant à ce qu'on « imagine de l'*imposssibilité ;* il y a des « hommes qui s'embarquent pour les recher- « ches avec si peu de moyens, que dès qu'ils « ne voient plus que l'eau et le ciel, ils ne « veulent pas croire, qu'il y ait des terres « au-delà ».

102. Ce ne fut pas sans toutes les connoissances nécessaires à son entreprise, que M. LE SAGE la commença ; et sa découverte de la

forme

forme des *fluides expansibles* a été pour
son objet, aussi importante que celle de
CHRISTOPHE COLLOMB quant à de nouvelles
terres. Par les développements qu'il a donné à
son système, il nous a fait découvrir *à priori,*
des phénomènes de ces *fluides* qui auroient
exigé, et une *histoire* bien supérieure à celle
qui existoit, et un pouvoir d'analise tel que
celui de NEWTON, pour les déterminer *à
posteriori.* Une *théorie* des *causes,* qui, non
seulement vient expliquer précisément des
phénomènes auparavant inexplicables; mais
qui conduit à en découvrir d'autres très-essen-
tiels, et qui, probablement sans elle, auroient
échappé à l'observation, porte certainement
l'empreinte de la vérité. Or, c'est le cas de
celle de M. LE SAGE, comme je le ferai voir
en détail dans une *Introduction à la Physique
terrestre;* ouvrage fondé sur des expériences
que je n'ai pas encore publiées, et qui auroit déjà paru, s'il n'eût été nécessaire de
rappeler les vrais principes de BACON et de
NEWTON, avant que de publier un ensemble
de choses, qui, j'espère, montrera combien
nous leur sommes redevables.

103. Quant à présent, je n'ai eu d'autre
dessein que d'enlever le *boisseau* sous lequel
on avoit placé ces grands *flambeaux* des

sciences. J'ai bien senti le désavantage de cette entreprise, par *les obstacles du temps*; mais elle étoit indispensable, et elle ne devoit pas être faite à-demi, pour caractériser fortement une époque, où l'on a entrepris de plonger les hommes dans l'*obscurité*, sous prétexte de les *éclairer* par de *nouvelles lumières*. Je me propose encore de montrer dès ici, quoique par de simples indications, les heureuses conséquences résultées des premiers pas faits par ces grands hommes; pas que je détaillerai et démontrerai dans l'ouvrage que je viens d'annoncer. Alors on verra : qu'en partant des seuls *fluides expansibles*; mais en déterminant leurs *phénomènes*, à la manière de BACON, quant aux préceptes, et de NEWTON, quant à l'exemple, on remonte d'abord sans interruption, à l'*agent* de la *gravité*, tel que l'a déterminé M. LE SAGE; par l'existence de cet *agent*, à celle de la *gravité* elle-même, comme *phénomène* absolument *certain* dans son universalité; et par l'un et l'autre, à une *cause* de *mouvement* entièrement distincte de l'*Univers*. Je démontrerai ci-après cette dernière conclusion, par divers phénomènes; mais auparavant il faut que j'entre avec BACON, dans quelques *routes* particulières qu'il avoit fort avancées.

Fin du premier Volume.

TABLE

DES MATIERES

Contenues dans le premier Volume.

PRÉCIS *de la philosohpie de Bacon, et des progrès qu'ont fait les sciences naturelles par ses préceptes et son exemple,*   Page 1.

INTRODUCTION,   id.

PREMIÈRE PARTIE. *Eloges de Bacon, et origine de l'oubli de ce philosophe,*   29.

DEUXIÈME PARTIE. *Les fausses idées répandues sur la philosophie de Bacon, détruites par lui-méme.*   57

SECTION PREMIÈRE. *Principes généraux de Bacon, sur les sources de la philosophie,*   57

CHAPITRE Ier. *Le Chancelier Bacon,*   63

ARTICLE Ier. *Inconvénients qui résultent, de ce qu'on se livre exclusivement aux expériences,*   69

ARTICLE II. *Préférence que méritent les expériences utiles à la philosophie, sur celles qui sont utiles aux arts,*   73

ARTICLE III. *Avantages genéraux de la connoissance des causes,*   78

324   Table des Matières.

Article V. *Inconvénients qui résultent, de ce qu'on se livre aux spéculations philosophiques, sans prendre l'expérience pour fondement,* 87

Article VI. *Du scepticisme, et de son remède,* 98

Article VII. *Des notions fausses, ou idoles de l'entendement,* 101

Section II. *Distinction toujours maintenue par Bacon, entre les instructions que les hommes ont reçues de la Divinité, et les connoissances qu'ils peuvent acquérir par eux-mêmes.* 112

Troisième Partie. *Plan tracé par Bacon pour arriver à la philosophie naturelle; et sa distinction de celle-ci d'avec la philosophie première, ou ce qu'on entend communément par la philosophie,* 157

Quatrième Partie. *Esquisse des routes ouvertes par Bacon, pour arriver à la découverte des causes naturelles, ainsi que des progrès faits dès-lors sur ces routes; et premièrement, quant aux causes générales,* 241

Fin de la Table du premier Volume.

www.ingramcontent.com/pod-product-compliance
Lightning Source LLC
LaVergne TN
LVHW010755060726
842527LV00002B/484